«Ich erlebe es immer wieder: Frauen, die ihre Finanzen in die Hand genommen haben, nehmen damit endlich auch ihr Leben in die Hand. Sie werden selbstbewusster und übernehmen auch in anderen Bereichen Verantwortung. Sie bestehen auf Selbstbestimmtheit, anstatt sich stets zu fügen. Sie werden bestimmter im Job, in der Familie und bieten anderen, auch ihrem Partner, mehr Paroli.

Woran das liegt? Unsere Erfolge machen uns selbstbewusster. Viele Frauen haben zu Beginn Angst, das Thema Geld nie für sich zufriedenstellend lösen zu können. Mit ein wenig Einsatz klappt es aber doch. Das gibt Selbstbewusstsein und Power für weitere Herausforderungen des Lebens.»

Natascha Wegelin, 1985 im Ruhrgebiet geboren, ist Unternehmerin und Privatanlegerin. Nach einem BWL-Studium und ersten Berufserfahrungen u. a. bei Parship und Google gründete sie mit 26 Jahren ihr eigenes Unternehmen. Das Flaggschiff ihres Unternehmens ist das Portal wg-suche.de; einen Teil ihres Unternehmens verkaufte sie im April 2017 an immobilienscout24.de. Seit 2016 betreibt sie den Blog madamemoneypenny.de, um gezielt Frauen über finanzielle Unabhängigkeit zu informieren. Sie bietet zudem Seminare und Online-Kurse zum Thema Finanzen nur für Frauen an.

Natascha Wegelin

Madame Moneypenny

WIE FRAUEN IHRE FINANZEN SELBST IN DIE HAND NEHMEN KÖNNEN

Rowohlt Taschenbuch Verlag

Für Oma Erna

Von mir erwähnte Anlageprodukte sind immer mit Risiken behaftet. Alle Hinweise und Informationen stellen keine Anlageberatung oder Empfehlung dar. Sie wurden nach bestem Wissen und Gewissen aus öffentlich zugänglichen Quellen übernommen. Alle zur Verfügung gestellten Informationen dienen allein der Bildung und Veranschaulichung. Eine Haftung für die Richtigkeit kann nicht übernommen werden. Sollten Leser*innen sich die angebotenen Inhalte zu eigen machen, so handeln sie eigenverantwortlich.

Die Inhalte dieses Buches stellen lediglich eine Basis für die finanzielle Bildung der Leser*innen dar. Bevor mit Anlageprodukten gehandelt wird, wird empfohlen, weitere Informationsmaterialien heranzuziehen und eine fundierte, individuelle Strategie zu erarbeiten. Empfehlungen für weiterführende Materialien sind am Ende des Buches zu finden.

22. Auflage August 2026
Veröffentlicht im Rowohlt Taschenbuch Verlag
Rowohlt Verlag GmbH, Kirchenallee 19, 20099 Hamburg
Originalausgabe
Zuerst veröffentlicht im Rowohlt Taschenbuch Verlag,
Reinbek bei Hamburg, September 2018

Redaktion Christian Wöllecke

Umschlaggestaltung ZERO Media GmbH, München
Umschlagmotiv Jacqueline Häußler
Satz aus der Mercury bei CPI books GmbH, Leck
Druck und Bindung GGP Media GmbH, Pößneck
ISBN 978-3-499-63374-4

Kontaktadresse nach EU-Produktsicherheitsverordnung:
produktsicherheit@rowohlt.de

INHALT

Anhang

Geld ist der Schlüssel zur Freiheit.

Coco Chanel

NIMM DEINE FINANZEN IN DIE HAND

«Ein Finanzbuch extra für Frauen? Ist das denn wirklich notwendig?» Diese Frage kam früher oder später jedes Mal, wenn ich erzählte, dass ich gerade an «Madame Moneypenny – Wie Frauen ihre Finanzen selbst in die Hand nehmen können» schrieb. Meine Antwort lautete natürlich: «Ja, ist es. Es ist absolut notwendig.» Ich möchte dir kurz berichten, warum.

In Studien und Statistiken zu Sorgenthemen von Frauen rangiert eine Angst seit Jahren unangefochten auf Platz eins: Altersarmut. Besonders in Deutschland ist diese Sorge vollkommen berechtigt. Laut OECD ist das Rentengefälle zwischen Frau und Mann nirgends so groß wie hierzulande.[1] Wir Frauen wissen um die Gefahr: In einer Amundi-Studie zur Altersvorsorge aus dem Jahr 2017 gaben 79 Prozent der befragten Frauen an, aufgrund ihrer Erwerbsbiographien im Alter eine Versorgungslücke zu erwarten.[2] Ein weiterer beängstigender, aber nicht verwunderlicher Befund der Studie: 44 Prozent der 35- bis 55-jährigen Frauen beschäftigen sich nicht mit diesem Thema.

Warum mich diese 44 Prozent nicht überraschen? Weil Rentenversicherungen, Aktien, Zinsen, Börse, private Finanzen wie unlösbare Rätsel erscheinen. Es ist ganz normal, Angst vor Dingen zu haben, die man nicht kennt. Und genauso nachvollziehbar ist es, diese Dinge darum ganz einfach auszublenden. Vermeidung ist bequem. Nur ändert sich dadurch leider nichts. Und wer sich doch damit befassen will, findet sich oftmals im Büro eines Versicherungsvertreters oder Finanzmaklers mit roter Krawatte und schlechtem Kaffee wieder. Dort sitzt man, tut so, als würde man alles verstehen, um nicht dümmlich zu wirken, und nickt brav. Letztendlich unterschreibt man die ungelesenen Verträge, damit dieser Gräuel so schnell wie möglich vorbei ist und man das Wort «Altersvorsorge» endlich ohne schlechtes Gewissen hören kann. So wie ich vor fünf Jahren.

Ich war 26 Jahre alt und hatte soeben meinen ersten Vollzeitjob nach dem Studium gekündigt, um mein eigenes Unternehmen aufzubauen. Und dabei hatte ich, offen gesagt, keine Ahnung von gar nichts. Weder wie man ein Unternehmen führt noch wie man seine privaten Finanzen organisiert. Doch eins hatte ich gehört: Auf die gesetzliche Rente ist kein Verlass mehr. Also entschied ich mich dazu, mich von der gesetzlichen Rentenpflicht befreien zu lassen – ich zahlte nichts mehr ein.

So weit, so gut. Allerdings: Keine Rente ist ja auch keine Lösung. Kaum hatte ich diesen Gedanken zu Ende geführt, saß ich im Büro einer «unabhängigen» Finanzberaterin und gab mir große Mühe, so zu wirken, als würde ich jedes Wort verstehen. «Wenn Sie Fragen haben, fragen Sie bitte, Frau Wegelin.» Natürlich, das war ja gut, dass ich Fragen stellen konnte. Aber woher sollte ich wissen, welche Fragen das waren? Ich war ja schließlich zu einer Beraterin gegangen, damit ich mich nicht damit beschäftigen müsste. Die nette Dame würde das schon machen ...

Das Resultat meiner Ahnungslosigkeit war eine private Rentenversicherung, die mich mehrere tausend Euro an Gebühren kostete, die als Provision an die Beraterin gingen. Aber dazu später mehr. Als ich dies – wohlgemerkt nach drei Jahren – herausfand, war für mich klar: Ich muss mich mit meinen Finanzen auskennen, um souveräne Entscheidungen treffen zu können. Sich blind auf andere zu verlassen, ist keine Option.

Was tut man gegen Ahnungslosigkeit? Richtig, man eignet sich Wissen an. Ich investierte fortan in meine finanzielle Bildung und informierte mich umfassend über Rente, Aktien, Börse, Versicherungen. Ich las etliche Bücher, hörte Podcasts, schaute YouTube-Videos, nahm an Online-Kursen teil und las Blog-Artikel. Obwohl ich ein recht sparsamer Mensch bin, sparte ich an einem nicht: Bildungsangebote. Solche Investitionen, nämlich die in sich selbst, nennt man Investitionen ins eigene Humankapital. Humankapital ist meine absolute Lieblingsinvestitionsart und meiner Meinung nach das wichtigste Investment überhaupt. Darum widme ich dem Thema ein eigenes Kapitel.

Allerdings traf ich auf meinem Weg weder auf Informationsangebote, die mich als Frau ansprachen, noch auf andere Frauen, die sich mit dem Thema befassten. Also dachte ich mir: «Na, gut, wenn es keiner macht, mache ich es halt.» Meine Notizen zu dem Neuerlernten veröffentlichte ich im Internet: Das Projekt *Madame Moneypenny* war geboren. Heute ist madamemoneypenny.de einer der größten Finanzblogs Deutschlands, es gibt eine geschlossene Facebook-Gruppe nur für Frauen, in der sich einige tausend Frauen zum Thema Geld austauschen, und ich veranstalte allerlei Events und biete Online-Kurse an, um den so wichtigen Austausch untereinander voranzutreiben sowie entsprechende Bildungsangebote für Frauen bereitzustellen.

Meine Mission ist es, Frauen zu inspirieren, ihnen die notwendigen Tools zu geben, um sie so zu befähigen, ihre Finanzen selbst in die Hand zu nehmen. Ich bin keine Finanzberaterin und möchte keine sein. Ich stamme aus dem rauen Ruhrgebiet, aus einem Elternhaus der Mittelschicht.

Ich war die Erste aus meiner Familie, die studiert hat. Betriebswirtschaftslehre. Weil ich nicht wusste, was ich machen wollte, und man mit BWL alles und auch nichts werden kann. Ich bin die, die unzufrieden mit ihrer Situation war, und sich ihren Weg gebahnt hat – genau wie du es tun wirst.

Ich verdiene kein Geld damit, dir Finanz- oder Versicherungsprodukte zu verkaufen. Mein Geld verdiene ich mit meinem Unternehmen, das unter anderem das Portal *wg-suche.de* betreibt. Ich habe daher keinerlei finanzielles Interesse daran, dich von einem bestimmten Produkt, einer Versicherung oder einer speziellen Anlagestrategie zu überzeugen.

Warum investiere ich also Zeit und Mühen in Madame Moneypenny? Ganz einfach:

Weil ich dafür brenne.

Weil mich diese Statistiken von Geldsorgen und Ängsten von Frauen wütend machen.

Weil ich will, dass alle Frauen in der Lage sind, finanziell eigenständige Entscheidungen für sich und ihre Familien zu treffen.

Weil ich die Geschichten von Frauen, die das nicht tun und früher oder später den großen Knall erleben – Jobverlust, Trennung vom Partner, Krankheit etc. – nicht mehr hören will.

Weil ich daran glaube, dass diese letzte Front des Feminismus endlich eröffnet werden muss. Weil ich daran glaube, dass Frauen ein Leben vollkommen nach ihren eigenen Vorstellungen leben sollten und sie auch in diesem Lebensbereich das für sich beanspruchen müssen, was ihnen zusteht: Sorgenfreiheit, Selbstbestimmtheit und letztendlich finanzielle Unabhängigkeit. Und nicht zuletzt: Weil ich daran glaube, dass jede Frau dies erreichen kann.

Vielleicht bist du Berufsanfängerin, verdienst dein erstes Geld und fragst dich, was du nun damit anstellen sollst. Vielleicht kommst du wie manch eine Teilnehmerin meiner Seminare und Online-Kurse aber auch aus einer Krisensituation – du hast dich gerade scheiden lassen oder bist hochverschuldet – und hast erkannt, dass du etwas ändern musst, da du sonst auf den finanziellen Abgrund zusteuerst.

Der Schlüssel zu dieser Änderung ist finanzielle Bildung. Informieren, umdenken, eigene Entscheidungen treffen. Der Fakt, dass du dieses Buch nicht nur gekauft hast, sondern es sogar liest, zeigt, dass du die größte Hürde schon genommen hast. Du hast die Entscheidung getroffen, deine Situation zu verbessern, dich selbst zu verbessern. Den ersten und wichtigsten Hebel hast du bereits umgelegt. Das ist der in deinem Kopf. Es werden noch weitere Hebel folgen, glaube mir. Aber keiner ist so entscheidend wie dieser erste.

Alles, was jetzt noch kommt, nämlich die Aneignung des dafür notwendigen Wissens, ist Kindergarten. Das sind nur noch Fakten, Daten, Informationen. Es gibt keine komplexe Mathematik, keine komplizierten Zusammenhänge oder geheimen Logiken. Wenn dem so wäre, hätte ich selbst kapituliert, denn ich bin in der Schule nie über eine Vier in Mathe hinausgekommen. Ich bin zu 100 Prozent der Überzeugung: Wenn ich das kann, kann es jede. Und ich meine damit jede. Wirklich. Dazu gehörst auch du.

Du hast den wichtigsten Schritt bereits getan: Die Entscheidung getroffen, etwas zu ändern.

Ich erlebe es immer wieder: Frauen, die ihre Finanzen in die Hand genommen haben, nehmen damit endlich auch ihr Leben in die Hand. Sie werden selbstbewusster und übernehmen auch in anderen Bereichen Verantwortung. Sie bestehen auf Selbstbestimmtheit, anstatt sich stets zu fügen. Sie werden bestimmter im Job, in der Familie und bieten anderen, auch ihrem Partner, mehr Paroli.

Woran das liegt? Unsere Erfolge machen uns selbstbewusster. Viele Frauen haben zu Beginn Angst, das Thema Geld nie für sich zufriedenstellend lösen zu können. Mit ein wenig Einsatz klappt es aber doch. Das gibt Selbstbewusstsein und Power für weitere Herausforderungen des Lebens.

Nimm deine Finanzen in die Hand und du nimmst dein Leben in die Hand.

Außerdem kann man tatsächlich sagen, dass Geld Macht bedeutet – auch im privaten Kontext. Angenommen, du und dein Mann habt ein Kind im Kindergartenalter. Leider ist es krank geworden, während es im Kindergarten gespielt hat. Nun geht es darum, wer das Kind aus dem Kindergarten holt. Du, dein Mann oder jemand anderes.

Szenario A: Eigentlich wolltet ihr euch beide eine Stelle mit flexiblen Arbeitszeiten suchen und die Kinderbetreuung aufteilen. Doch irgendwie kam es anders: Dein Mann kann nachmittags nicht weg, also arbeitest du in Teilzeit, damit euer Kind nicht den ganzen Tag in der Kinderbetreuung verbringen muss. Er macht Karriere, er verdient Geld, er erarbeitet sich seinen Status. Und du? Wie viel Geld und welchen Status hast du? Dein Mann «kann auf keinen Fall aus dem Büro weg» – auch nicht im Falle eines kranken Kindes. Wer wird also alles stehen- und liegenlassen, seine Arbeitsstelle verlassen und zum Kindergarten rasen? Du natürlich. Du «hast ja genug Zeit und arbeitest eh kaum». Kein Geld, kein Status, keine Verfügung über die eigene Zeit.

Szenario B: Ihr macht beide Karriere, Vollzeit, ähnliche Position, ähnliches Gehalt. Wer holt jetzt das kranke Kind aus dem Kindergarten ab? In diesem Fall lautet die Antwort nicht automatisch: die Mama. Du hast den gleichen Status wie dein Mann. Warum holt er also nicht das Kind? Das wäre eine Lösung. Ihr könntet auch eine dritte Person mit der Betreuung beauftragen. Dies könnte die Nanny, die Oma oder das Au-pair sein. In Szenario B wird niemand von dir verlangen, deinen Arbeitsplatz zu verlassen. Du hast einen gleichwertigen Status gegenüber deinem Partner, und außerdem hat mehr Geld dich in die Lage versetzt, die Kinderbetreuung im Notfall in die Hände einer Person deines Vertrauens zu übergeben.

Dieses Zusammenspiel aus Geld, Macht und Zeit kann man auf alle Bereiche anwenden, auch außerhalb von Partnerschaft und krankem Kind. Wenn du Geld hast, hast du die Macht, einem nervigen Kunden abzusagen und deine Zeit mit einem anderen, angenehmeren Kunden zu verbringen. Du hast die Macht, deinem furchtbaren Chef Paroli zu bieten, ohne Angst haben zu müssen, im Falle einer Kündigung in finanzielle Engpässe zu geraten. Du hast die Macht, das Putzen, Einkaufen und Wäschewaschen an jemanden abzugeben und dich stattdessen im Spa zu entspannen. Du hast die Macht über deine Zeit und kannst selbstbestimmt leben.

Mit diesem Buch verfolge ich drei Ziele. Ich möchte dir zuerst die Angst vor dem Thema persönliche Finanzen nehmen. Denn glaube mir: Es ist bitter nötig, sich um seine Finanzen zu kümmern – und einfacher, als du denkst. Zweitens möchte ich dir einen Weg aufzeigen, wie du das Thema in den Griff bekommst, wie du dein Geld an der Börse für dich arbeiten lässt und ein kleines Vermögen aufbaust. Ich möchte erreichen, dass du Zusammenhänge und Hintergründe verstehst, um letztendlich deine Strategie zu finden und eigene Entscheidungen zu treffen.

Dieses Buch hat nicht den Anspruch, dich zur weltbesten Anlegerin oder über Nacht zur Millionärin zu machen, sondern dich an einen Punkt zu führen, an dem du mitreden, Ratschläge hinterfragen und die Verantwortung für deine Finanzen übernehmen kannst. Und drittens möchte ich dich dazu inspirieren, dich über dieses Buch hinaus mit deinem Geld zu beschäftigen.

Schließlich möchte ich dich einladen, Teil unserer gemeinsamen Mission und Bewegung zu werden. Erzähle Freundinnen und Bekannten von deinen Veränderungen, deinen Fortschritten und deiner neugewonnenen Kraft, die du in den nächsten Tagen erreichen wirst. Sei Teil der Bewegung und inspiriere andere Frauen, sich ebenfalls auf den Weg zu machen. Gemeinsam ist es leichter und macht mehr Spaß.

Das siehst du auch an den Interviews, die nach jedem Kapitel für eine ordentliche Dosis Inspiration sorgen. Sie stammen von Frauen aus meiner Community. Von Frauen, die angefangen haben, sich mit dem Thema Geld zu beschäftigen, und nach und nach eine wahre Transformation erleben – bei ihren Finanzen, aber auch in anderen Lebensbereichen. Du wirst bald ebenfalls zu den Frauen gehören, die es anpacken, und dein Leben wird sich daraufhin ebenfalls ein wenig wandeln. Damit du es auch wirklich anpackst, wartet nach jedem Kapitel eine kleine Challenge auf dich, damit du das Gelernte auf deine persönliche Situation überträgst und direkt mit der Umsetzung startest.

Wer Geld hat, hat Macht. Über die eigene Zeit und über das eigene Leben. Und genau das wünsche ich mir für dich und für jede Frau da draußen. Also, lass es uns angehen.

Bevor es losgeht, noch eine Sache: Sosehr ich hoffe, dass du mit möglichst vielen Punkten in diesem Buch d'accord gehst, so hoffe ich auch, dass du manche Dinge anders siehst. In diesem Fall würde ich mich freuen, wenn du mir eine E-Mail schreibst, damit ich von dir lernen kann. Ich selbst bin auch Lernende, kein Guru. Daher brauche ich deine Perspektive. So, jetzt aber wirklich: Let's do this.

If you want something said, ask a man;
if you want something done, ask a woman.

Margaret Thatcher

SCHNIPPELN UND VERSICHERUNGEN

Wie man im Hamsterrad landet – Warum Berater versuchen, dir Ketchup zu verkaufen – Warum «garantiert» bei einer Rentenversicherung oftmals für garantierten Verlust steht – Warum weniger Faulheit wichtiger als Intelligenz ist und was all das mit dem Auto meiner Schwester zu tun hat

Na, wie stehen die Aktien?» Mein Vater begrüßt mich an der Haustür und lacht verschmitzt. «Mama ist in der Küche, wir grillen heute!» Voller Vorfreude huscht der Grillmeister in den Garten und befördert Kohlebriketts an ihren Arbeitsort. Ein Wochenende in der Heimat steht auf dem Programm. Anlass ist der Geburtstag meiner Schwester Lara sowie mein Madame-Moneypenny-Seminar, das ich am Sonntag halten werde.

«Da ist sie ja!», hallt es aus der Küche. «Wie war die Fahrt? Hast du Hunger?»

«Hallo Mama. Klar, ich habe immer Hunger. Das weißt du doch. Was gibt's denn Schönes?»

«Krautsalat, Kartoffelspieße, Sojawürstchen, Nudelsalat ...»

Während meine Mama die verschiedenen vegetarischen Köstlichkeiten aufzählt, bin ich, wie immer, fasziniert von dem Zustand dieser Küche. Selbst wenn darin herumgewirbelt wird, hat alles seine Ordnung. Diese Küche muss durchorganisierter sein als die von Jamie Oliver. Jede Kuchengabel hat ihren Platz, jedes Elektrogerät seinen festen Standort und jeder Krümel nicht den Hauch einer Überlebenschance. Und wehe, jemand (also mein Papa) räumt etwas an den falschen Platz. Dann ist aber Holland in Not.

«Außerdem gibt es Kräuterbaguette, gefüllte Champignons, Tomate-Mozzarella, gegrilltes Gemüse aus dem Garten – und Lara und Mark kommen auch gleich.»

«Ach, das ist ja schön!», rufe ich und wandere über die Terrasse in den Garten.

Ich schlendere vorbei am Apfelbaum, dem neuen Rosenbeet (das anscheinend ab einem gewissen Alter zur Standardbepflanzung gehört), dem selbst angelegten Teich, setze mich unter den Sauerkirschbaum, den ich als Kind gemeinsam mit meinem Opa gepflanzt habe, und beobachte das Treiben.

Meine Eltern sind seit 32 Jahren verheiratet, mein Vater ist Frührentner mit einer gut ausgehandelten Abfindung, meine Mutter gelernte Krankenschwester. Papa hat als Betriebsrat eines Stahlherstellers ziemlich wahrscheinlich ganz gut verdient. Geredet wurde darüber nicht. Überhaupt war Geld nie ein Thema bei uns.

Vor einigen Jahren habe ich mir das Spiel Monopoly zu Weihnachten gewünscht und es auch bekommen. Seitdem wurde es genau einmal gespielt. Mama und meiner Schwester hat es keinen Spaß gemacht. Ich versuche, sie bei jeder Gelegenheit dazu zu überreden, eine Partie mit mir zu spielen, blitze aber jedes Mal ab. Vielleicht wage ich heute den nächsten Versuch ...

Nachdem ich Mitte der 80er das Licht der Welt erblickte, nahm sich Mama eine berufliche Auszeit und trat den härtesten Job der Welt an: Mutter. Keine vier Jahre später gesellte sich mit meiner Schwester Lara das fehlende Puzzlestück zu uns. Da es meinen Eltern sehr wichtig war, dass Lara und ich nicht den kompletten Tag in einer Kita verbrachten, blieb Mama lange zu Hause. Insgesamt zehn Jahre betrug ihre Auszeit vom bezahlten Vollzeitjob. Danach arbeitete sie zunächst in Teilzeit, bevor sie nach insgesamt 15 Jahren wieder eine Vollzeitstelle antrat. Sie ließ sich zur Rechtsanwaltsgehilfin umschulen und ist heute eine der verlässlichsten und kompetentesten Säulen in der Kanzlei. Aktuell arbeitet sie vier Tage pro Woche – auch um verlängerte Wochenenden mit ihrem Mann verbringen zu können.

Das Haus, auf das ich gerade schaue, in dem ich aufgewachsen bin und in dem meine Eltern heute noch wohnen, wurde von meinen Großeltern gebaut. Meine Eltern haben es jedoch nicht geerbt, sondern meinen Großeltern zu Lebzeiten ratenweise abgekauft. Das Erdgeschoss, das meine Eltern bewohnen, hat über 100 Quadratmeter, die anderen drei Einheiten inkl. Garagen sind vermietet. «Einen schönen Vermögenswert haben die beiden sich da geschaffen», denke ich, während ein Auto die Einfahrt hochrollt. Ich hatte meine Schwester samt Freund erwartet, allerdings ist mir das Motorengeräusch nicht bekannt. Es hört sich nicht wie ihr kleiner Seat Ibiza an, sondern eher wie eine dicke Limousine. Die Tür schlägt auf, und Lara betritt die Gartenbühne – unmittelbar hinterher kommt Mark. Lara ist wie immer top gestylt, geschminkt und geglättet. Also, ihre Haare. Nicht übermäßig, aber schon so, dass man es direkt sieht. Mit einem «Schweesstiiiii» kommt sie auf mich zugeschossen. «Alles Gute zum Achtundzwanzigsteeeeen!», erwidere ich.

Jedes Mal, wenn ich nach Hause komme, und wenn es nur für einen Tag ist, kommt sie aus Essen, wo sie zusammen mit ihrem Freund Mark und zwei Katzen wohnt, nach Dortmund gefahren, um mich zu sehen. Apropos fahren. «Mit wessen Auto seid ihr da eigentlich gekommen?», frage ich neugierig.

«Ach, hab ich das nicht erzählt?! Das ist meiner! Habe mir einen Audi A3 gekauft. Komm, ich zeig ihn dir!». Wir laufen quer durch den Garten, ich pflücke mir auf dem Weg durchs Gartentor noch eine – hoffentlich saure – Brombeere vom Busch.

«Guckst du!», fordert Lara mich voller Stolz auf.

«Ui, schick. Ganz schön groß, oder?»

«Ja, na ja, ich dachte mir, wennschon, dennschon, und habe den Fünftürer genommen. Und noch ein paar Extras. Schau mal, die Sportsitze! So oft kauft man ja kein neues Auto, da kann man sich schon mal etwas gönnen.» Ich muss ein wenig schmunzeln und antworte dann: «Hmm, ja, ja, läuft bei dir!»

«Schnippeln, bitte», tönt es von der Terrasse her. Wir tapsen zurück in den Garten und dann in die Küche, wo Mama und Mark bereits herumwirbeln. Diverse Zutaten warten noch auf ihre Verarbeitung. Lara und ich schnappen uns Messer, Bretter, Schüsseln und legen los, während Mama den Überblick behält und alles organisiert. Alle paar Minuten verlässt Papa seinen geliebten Einsatzort am Grill und gesellt sich zu uns, um nichts zu verpassen.

Während Zucchini und Paprika in mundgerechte Stückchen geschnitten, Brot mit Kräuterbutter beschmiert und die Kartoffeln aufgespießt werden, stehen die heißesten Vorstadtneuigkeiten auf dem Programm.

«Peter, hast du schon gehört? Hans und Ute lassen sich scheiden ...» Mama erzählt ein wenig hektisch, während sie den Feldsalat wäscht.

«Wie? Wir waren doch an Silvester noch alle zusammen. Das hätte ich ja nicht gedacht. Was ist denn passiert?», fragt Papa ungläubig.

«Das weiß ich auch nicht so genau. Aber es muss ja etwas vorgefallen sein. Man lässt sich ja nicht einfach so von heute auf morgen scheiden. Ich frag mal Birgit, ob sie mehr weiß ...»

Lara und ich schauen uns über die Arbeitsplatte an und verdrehen die Augen. Wir hassen diesen Vorstadttratsch und schwören uns nach jedem Besuch, keine Tratschtanten zu werden. Aber ich wittere die Chance, den Tratsch in ein konstruktives Gespräch umzuwandeln.

«Sag mal, Mama, was wird denn dann aus Ute?», frage ich und lasse den Mozzarella abtropfen.

«Was meinst du?», fragt sie verdattert.

«Na, ohne Hans, meine ich. Sie arbeitet doch gar nicht, oder? Und das Haus gehört doch Hans' Mutter, dachte ich. Sie muss ja dann bestimmt ausziehen. Was wird denn dann aus ihr?»

Mama schaut mich entgeistert an und dreht den Wasserhahn zu, was beinahe schon Symbolcharakter für die Situation ihrer Freundin Ute hat. Darüber hat sie garantiert noch nie nachgedacht.

«Darüber habe ich noch nie nachgedacht.»

Pause.

«Peter, was wird denn dann aus Ute?!», gibt sie die Frage

geschickt, aber auch leicht panisch an Papa weiter. Der zuckt mit den Achseln.

«Woher soll ich das wissen?»

«Na, Mama, was würdest du denn machen?», frage ich etwas provokant, während ich Mozzarella und Tomaten auf einen Teller schichte.

«Wie, ‹was würde ich denn machen?› Ich bin doch nicht Ute», entgegnet sie, um Zeit für ihre Antwort zu gewinnen.

«Aber die Situation ist ja eine ähnliche. Was würdest du ohne Papa machen?», hake ich nach. «Papa und ich lassen uns ja nicht scheiden. Oder, Peter?» Mama lacht laut auf.

Papa zwinkert uns zu, geht Richtung Terrasse und ruft: «Ich glaube, ich sollte mal nach dem Grill sehen.»

«Siehst du, Marianne, so schnell geht das. Weg ist er!», sagt Mark und lacht dabei.

«Ich wette, Ute und Hans haben auch gedacht, dass sie sich nie scheiden lassen. Und jetzt steht sie da», stellt Lara fest und klaut sich ein Radieschen vom Bund.

«Ja, da hast du wohl recht ...» Mama stimmt ihr nachdenklich zu. «Die Scheidungsquote liegt ja in Deutschland immer noch bei über 40 Prozent, habe ich grad neulich wieder gelesen. Außerdem: Vielleicht verlasse ich ja Peter und nicht er mich.» Mama lacht und schnappt sich die Paprika.

«Aber auch dazu musst du erst einmal in der Lage sein. Ich habe gerade neulich von einer Studie aus Großbritannien gelesen. Da wurden Menschen, die sich aktuell in einer Beziehung befinden, nach dem Grund ihres Verbleibs in der Beziehung gefragt. Und 28 Prozent gaben an, dass finanzielle Sicherheit der Hauptgrund sei. Davon waren natürlich die meisten Frauen», berichte ich.

«Wie jetzt? Die sind nur mit ihren Männern zusammen, weil sie es sich nicht leisten können, alleine zu leben? 28 Prozent?», fragt Lara und presst dabei eine Knoblauchzehe für den Tsatsiki aus.

«Ja, leider», sage ich. «Ich hatte schon mal einen solchen Fall in einem meiner Seminare. Da hatte der Mann sich um die gemeinsamen Finanzen gekümmert, alles verzockt und sich bis über beide Ohren verschuldet. Die Seminarteilnehmerin musste daraufhin selbst einen hohen Kredit aufnehmen und sagte, sie sei nur noch bei ihm, weil sie es sich anders nicht leisten könne.»

«Puh, da kriegt man ja Gänsehaut», sagt Mark.

«Ja, eine Gänsehaut hatte ich wirklich, als die Teilnehmerin das erzählt hat. Das Kuriose war, dass sie gar nicht danach aussah. Sie war top gestylt, mit eleganter Kleidung, großer Sonnenbrille. Wie in einem Lifestyle-Magazin. Als sie den Seminarraum betrat, dachte ich: ‹Huch, was will die denn hier?›, weil sie äußerlich den Eindruck machte, mehr als genug Geld zu haben. Aber wahrscheinlich hat sie sich die letzten Jahre einen gehobenen Lebensstandard gegönnt, sich daran gewöhnt und hält jetzt daran fest. Trotz Schulden.»

«Das klingt ja nicht sonderlich schlau ...», stellt Mama fest.

«Aber so geht es doch uns allen, oder? Mit den Einnahmen steigen auch die Ausgaben. Je mehr Geld man verdient, desto mehr Geld gibt man aus. Oder wohnt einer von uns noch in der alten Studentenbude? Wir verdienen mehr, gönnen uns mehr, müssen nach außen zeigen, dass wir mehr haben. Wir hangeln uns von Gehaltserhöhung zu Gehaltserhöhung. Und schwups: ist die langersehnte Gehaltssteigerung auch schon wieder für den teureren Urlaub draufgegangen, und man hat am Ende des Monats noch genauso viel auf dem Konto wie vor der Erhöhung», sage ich.

«Ja, null!» Lara lacht und hält einen Zwiebelring in die Luft. «Das ist dann das berühmte Hamsterrad!»

Das ist mein Stichwort. Ich nutze die Chance, um über eines meiner Lieblingsphänomene zu berichten. «Wir gewöhnen uns stetig an einen immer höheren Lebensstandard und wollen immer mehr. Bessere Markenklamotten, größere Autos, exklusivere Möbel, phänomenalere Urlaube. Hauptsächlich, um Kollegen und Nachbarn zu zeigen, wie erfolgreich wir doch sind und dass es uns *auch* gutgeht. Und um es uns selbst vorzugaukeln und bestimmte Unzufriedenheiten in unserem Leben mit Hilfe von schnellem Konsum zu betäuben. Dafür nehmen manche sogar einen Kredit auf. Sie machen Schulden, um sich den neuesten Flachbildfernseher oder den angesagtesten Sportwagen zu kaufen. Niemand *braucht* den neuesten Fernseher, aber wir *wollen* ihn, um zu zeigen, dass wir ihn haben können. Auch gerade dann, wenn wir es eben nicht können. Der Kredit zur Finanzierung des Fernsehers kostet natürlich Geld, Schuldzinsen nämlich. Denn die Bank, die uns das Geld geliehen hat, möchte dafür in Form von Zinsen bezahlt werden. Um die Schulden abzuzahlen, muss man mehr Geld verdienen, härter arbeiten, man wird gestresst. Die nächste Gehaltserhöhung geht für den Kredit drauf. Aber man hat so hart gearbeitet und will sich etwas gönnen. Und: Nachbar Schmidt hat jetzt einen Pool im Garten. Also wird ein Pool gekauft – wieder auf Pump. Für den muss man jetzt wieder härter arbeiten und so weiter und so fort. Plus: Solche Dinge kosten nicht nur in der Anschaffung Geld, sondern auch im Unterhalt. Ein neuer Sportwagen ist teurer in der Versicherung, frisst mehr Sprit, und die Reparatur ist ebenfalls kostspieliger als beim kleinen Fiat Panda. Also muss kontinuierlich mehr Geld her. Und so geht das immer weiter. Kurzum: Übermäßiger Konsum zwingt uns stets, immer mehr Geld auszugeben. Je schneller man rennt, desto schneller dreht sich das Rad. Weil man nie mit dem aktuellen Stand zufrieden ist und die Ausgaben den Einnahmen anpasst, anstatt das Geld beispielsweise zu sparen.»

Gefährlich: Wir passen unsere Ausgaben automatisch unseren Einnahmen an. Je mehr wir verdienen, desto mehr geben wir aus.

«Und dann ist frau 62, hat den neuesten Fernseher und andere tolle Dinge, ist geschieden und kurz vor der Altersarmut», resümiert Mama.

«Es muss ja nicht immer die Scheidung sein. Peter könnte ja auch morgen vom Dach fallen ... Und dann stehst du da», gibt Mark zu bedenken.

«Ich weiß ja, was ihr meint. Aber ich kenne mich mit diesem ganzen Zeug nicht aus. Versicherungen, Börse, Steuern und das alles. Da blickt man doch als normaler Mensch nicht durch!»

«Oh ja, das stimmt», pflichte ich ihr bei. «Da hast du absolut recht. Die meisten Produkte versteht man nicht. Sie sind auch nicht dafür gemacht, dass wir Otto Normalverbraucher sie verstehen.»

«Sonst würde den Mist wahrscheinlich niemand kaufen!», wirft Mark ein.

«Wahrscheinlich. Ihr wisst doch, dass ich vor ein paar

Jahren diese private Rentenversicherung abgeschlossen hatte. Ich weiß bis heute nicht genau, was ich damals unterschrieben habe. Ich habe einfach unterschrieben. Von dieser Konfusion leben nun mal ganze Branchen: Versicherungen, Banken, Berater.»

«Berater auch?», fragt Papa, der wider Erwarten vom Grill zurückgekehrt ist.

«Ja», ruft Lara, «das habe ich auf deinem Blog gelesen, Natascha. Die bekommen eine Provision für jedes verkaufte Produkt. Die Provision erhalten sie zwar von den Versicherungen, deren Produkte sie verkaufen, aber die Versicherungen holen sich das Geld natürlich von den Versicherten anhand von Gebühren rein. Richtig erklärt?»

«Eins mit Sternchen!», lobe ich. «Die Berater bekommen Geld bei Abschluss eines Vertrages, und sie werden so lange bezahlt, wie der Vertrag läuft. Provisionsberater müssten eigentlich Verkäufer oder Makler heißen. Das Unglückliche an dieser Branche ist der extreme Interessenkonflikt zwischen Dienstleister und Kunde. Ich meine, ist doch klar: Angenommen, ich habe diese beiden Produkte hier zu verkaufen», ich nehme eine Ketchup-Flasche und das Salat-Dressing aus dem Kühlschrank und bringe sie vor mir auf dem Küchentresen in Position. «Die Ketchup-Flasche kostet dich fünf Euro und das Dressing vier Euro. Von dem Ketchup-Hersteller bekomme ich zehn Prozent Provision, von dem Dressing-Macher nur sieben Prozent. Ich sehe zwar, dass du Salat auf deinem Teller hast, aber ich möchte meine Kinder ernähren können, und im nächsten Monat steht ein teurer Urlaub an. Das Salat-Dressing passt besser zu deinen Bedürfnissen – dem Salat auf deinem Teller –, aber Ketchup passt besser zu mir, weil ich daran mehr verdiene. Und schließlich ist Ketchup ja auch nicht ganz schlecht für dich, so meine Argumentation. Was werde ich dir verkaufen wollen?»

«Das Ketchup natürlich», sagt Lara.

«Aber ich sehe doch, dass ich Salat habe und du das Dressing. Dann verlange ich doch das», stellt Mama fest.

«In der Realität weißt du das eben nicht. Du weißt nicht, dass Ketchup nicht zu dir passt. Die Flaschen sehen gleich aus, und die Etiketten sind auf Chinesisch. Und du weißt in der Regel auch nicht, dass der Verkäufer selber an dem Ketchup mehr verdient als an dem Dressing. Du denkst nur, du brauchst eines der Produkte, weil du das irgendwo gehört hast. Deswegen haben manche Leute drei Lebensversicherungen, zwei Riester-Verträge und fünf schlechte Aktienfonds an der Backe.»

Du hast sicherlich schon gemerkt, dass das Familientreffen in eine bestimmte Richtung läuft. Dubiose Finanzprodukte sind anders als der Enkeltrick: Es fallen nicht nur alte Menschen darauf rein, die vollkommen ahnungslos oder auch viel zu vertrauensselig sind. Es gibt genug Frauen (und Männer) in jedem Alter, die sich über den Tisch ziehen lassen – so wie ich damals. In unserer Facebook-Gruppe, in der sich tausende finanzinteressierte Frauen austauschen, berichtete vor kurzem eine Frau über die Trennung von ihrem Ehemann. Das Perfide: Ihr Mann war Provisionsberater und hat ihr sieben Jahre lang überflüssige Produkte verkauft und schön die Provision kassiert. Letztendlich hat sie einen Teil seines Gehaltes gezahlt, während sie sich zu Hause um die Kinder gekümmert und kein Geld verdient hat. Ja, so etwas gibt es. Aber schauen wir mal, wie der Grillabend weitergeht.

«Wenn das Unternehmen die Provision zahlt, finde ich das eigentlich gar nicht so schlimm», sagt Mark. «Besser, als wenn ich die zahlen müsste.»

«So hat es den Anschein, ja. Aber dem ist nicht so. Die Versicherungen holen sich das Geld von dir zurück. Sprich, du zahlst deinen monatlichen Beitrag, das Unternehmen zwackt davon einen Teil ab als Provision für den Makler. Dieses Geld fließt also nicht in deine Rente, sondern als Bezahlung an den Makler.»

«Also zahle ich ja letztendlich doch den Makler. Nur ohne es so richtig zu wissen. Und dann jubelt der mir sogar noch Ketchup unter anstatt des leckeren Salat-Dressings», beschwert sich Mark.

Ich nicke und gieße das Dressing über den Salat.

«Wie ist es eigentlich mit deiner Rentenversicherung weitergegangen?», möchte Mark wissen.

«Da habe ich gerade noch die Kurve bekommen. Nachdem ich drei Jahre lang nicht in den Vertrag geschaut hatte und mein komisches Bauchgefühl immer intensiver wurde, hatte ich mir vorgenommen, den Papierstapel endlich unter die Lupe zu nehmen. Diesmal wirklich. Ein paar der Klauseln habe ich verstanden, ein paar andere nicht. Was ich beispielsweise in meinen Unterlagen nicht finden konnte, war eine Übersicht der kompletten Kosten dieser Versicherung. Das hat mich stutzig gemacht. Ich war natürlich völlig überfordert und habe mich entschlossen, mir Unterstützung von einer Beraterin zu holen.»

«Echt jetzt? Schon wieder eine Verkäuferin?» Lara amüsiert sich königlich.

«Dieses Mal handelte es sich wirklich um eine Beraterin,

nicht um eine Verkäuferin oder Maklerin. Ich habe mir eine Honorarberaterin gesucht. Honorarberatungen werden vom Auftraggeber bezahlt, also von mir in diesem Fall. Daher war es ihr vollkommen egal, ob und für welches Produkt ich mich entscheide, weil sie ihren Verdienst immer direkt von mir bekommt. Damit handelt sie allein in meinem Interesse», sage ich und ziehe abwechselnd Paprika, Zwiebeln und Kartoffeln auf lange Spieße. Dann füge ich hinzu: «So kann man den Interessenskonflikt zwischen Provisionsberatern und einem selbst vermeiden. Es gibt also keine ‹Ketchup-oder-Salat-Dressing›-Situation, in der das eine für mich, aber das andere für die Beraterin besser wäre. Plus: Ich weiß vorher ganz genau, was der Spaß kostet. Nach einem kostenlosen Erstgespräch, in dem wir beschlossen, was getan werden sollte – nämlich meinen Rentenvertrag prüfen und die auf Basis der Ergebnisse entschiedenen Maßnahmen durchführen –, schrieb sie ein Angebot, ich nahm es an und bezahlte nach Abschluss des Auftrages die Rechnung. Und ich wusste die ganze Zeit, dass sie in meinem Sinne und ganz ohne Hintergedanken handelt. Angebot, Durchführung, Rechnung. Sehr einfach und transparent. Das Ganze hat mich knapp 500 Euro gekostet. Davor schrecken viele zurück. Was sie aber nicht sehen, sind die zigtausend Euro Gebühren für Provisionen, die sie sonst bezahlen würden. Ich weiß ja nicht, wie es euch geht, aber für mich ist sonnenklar, dass ich lieber wissentlich 500 Euro für eine Beratung in meinem Sinne zahle, anstatt verdeckt etliche tausend Euro für eine Beratung, die den Interessen des Beraters mehr entspricht als meinen.»

«Warum laufen dann immer noch so viele Menschen zu

diesen großen Versicherungsmaklern? Das ist doch absurd!», poltert Papa.

«Weil sie es nicht besser wissen. Die Leute werden mit dem Versprechen einer kostenlosen Beratung geködert. Ist doch super: Ein lästiges, aber notwendiges Thema, auf das ich absolut keine Lust habe, wird mir komplett abgenommen. Und dann auch noch ‹kostenlos›. Die wenigsten hinterfragen dieses Konstrukt. Ich habe es ja zunächst auch nicht getan.»

«Zu welchem Ergebnis ist die Honorarberaterin bezüglich deiner Versicherung gekommen?», fragt Lara. Ich lehne mich an den Küchentresen und hole tief Luft. Jetzt reden wir also über Geld. «Das Ergebnis war, dass es eine Beitragserhöhung auf über 1200 Euro monatlich hätte geben sollen. Ich wäre also verpflichtet gewesen, monatlich über 1200 Euro in diese Rentenversicherung einzuzahlen. Davon wäre ein erheblicher Teil Gebühren gewesen.»

«1200 Euro im Monat? Wie wolltest du das denn stemmen?», fragt Mama ungläubig.

«Gar nicht. Ich habe dem natürlich nie zugestimmt. Obwohl ...», ich überlege kurz, «... irgendwie auch schon, denn ich habe den Vertrag ja unterschrieben. Aber wirklich gewusst habe ich es nicht. Die Verkäuferin hätte sich jedenfalls über eine fette Erhöhung ihrer Provision gefreut. Es geht noch weiter. Meine Honorarberaterin hat eine Kostenaufstellung angefordert. Ohne euch mit den Details zu langweilen: Bis Renteneintritt hätte ich über 30 000 Euro an Gebühren hinblättern müssen.»

Ich greife nach einem alkoholfreien Bier aus dem Kühlschrank und nehme einen großen Schluck. Das brauche ich jetzt. Lara verschluckt sich an einem Stückchen Paprika, das sie aus der Salatschüssel geklaut hat.

«Bitte was?» Lara hustet laut. «30 000 Euro? Wer bekommt die ... die Maklerin?»

«Erst mal die Versicherungsgesellschaft. Und die zahlen dann den Vertrieb – also die Maklerin – Marketing, ihre Vorstände und so weiter. Und das, was übrig bleibt, fließt tatsächlich in meine Rente. Ach so, und die Auszahlung der Rente kostet dann ebenfalls wieder Gebühren.»

«Ach, du Scheibenkleister», sagt Mama. Das ist ihre persönliche jugendfreie Version von «Scheiße». «Und dann? Musstest du das zahlen?», fragt sie.

«Nein, zum Glück konnte die Honorarberaterin die Kuh noch rechtzeitig vom Eis holen. Wir haben die Versicherung gekündigt, und ich habe den Rückkaufwert zurückbekommen. Das waren leider nur ca. 60 Prozent der eingezahlten Beiträge. Die anderen 40 Prozent sind futsch», lache ich.

«Bekommt man denn eigentlich eine Rechnung über diese ganzen Gebühren?», will Mark wissen.

«Nein, die bekommt man nicht. Die Gebühren werden von deinen monatlichen Beiträgen einbehalten. Du bekommst also gar nicht mit, was Monat für Monat an Kosten von deinen Beiträgen abgeht. Du zahlst beispielsweise 300 Euro monatlich und denkst, du würdest diesen Betrag in deine Rente investieren. Von den 300 Euro gehen aber die Gebühren ab, die der Versicherer ganz automatisch einbehält.»

«Und hast du dieser Maklerin wenigstens ordentlich den Marsch geblasen?», poltert Papa schon wieder, diesmal fuchtelt er zusätzlich mit der Grillzange in der Luft herum, um seinem Ärger mehr Ausdruck zu verleihen.

«Nee, warum auch? Sie macht ja nur ihren Job. Es ist meine eigene Schuld, wenn ich mich nicht informiere, sondern die Verantwortung und somit die Macht über mein Geld jemand anderem gebe. Ob es nun der Mann oder die Beraterin ist, spielt ja keine Rolle. Es hat mich niemand gezwungen, ihr Büro aufzusuchen und diesen Vertrag zu unterschreiben. Weil ich aber zu bequem war, mich zu informieren, konnte sie mit mir machen, was sie wollte. Hat sie ja auch.» Ich lache und werfe die Kräuter in Laras Tsatsiki. «Ich glaube, es hilft nur eins: Informieren und selbst entscheiden. Denn die anderen handeln naturgemäß eher in ihrem Sinne. Seitdem habe ich mir angewöhnt, mir in solchen Kaufsituationen immer diese eine Frage zu stellen: ‹Wem nützt das?› Wenn man sich diese Frage stellt, anstatt blauäugig alles zu glauben, ist man schon viel geschützter als vorher», verspreche ich.

Frage dich bei allem: «Wem nützt das?», um die Motivation hinter einer Empfehlung zu verstehen.

«Wie erkenne ich denn eigentlich diese Makler, wenn sie sich auch Berater nennen?», fragt Lara.

«Gute Frage! Das beste Indiz ist immer, wenn etwas angeblich kostenlos ist. Die Beratung ist kostenlos, den Papierkram erledigen sie gratis, und für die gesamte Betreuung wollen sie keinen Cent von dir haben. Da könnte man sich durchaus fragen, wovon die Damen und Herren leben. Aber ganz formal kannst du es auf den Internetseiten sehen. Wenn im Impressum «§ 34f GewO» und/oder «§ 34.1 GewO» auftaucht, hat dieser Berater die Zulassung, Provisionsprodukte zu vermitteln. Was er höchstwahrscheinlich auch tun wird. Grundsätzlich denke ich, dass eine gesunde Skepsis bei allem, was kostenlos sein soll, angebracht ist. Ich persönlich weiß lieber vorab, was etwas kostet, und kann dann frei entscheiden.»

«Sind denn diese privaten Rentenversicherungen überhaupt sinnvoll? Was ist das eigentlich genau?», fragt Mark nach.

Papa ergreift die Chance und gibt den Erklärbär: «Das kommt auf das konkrete Produkt an und wie es zu dir und deiner Lebensplanung passt. Versicherungen haben die Aufgabe, dich dahingehend zu versichern, dass du zu lange lebst. ‹Zu lange› im Sinne von: länger als dein Geld reicht. Sie haben die Aufgabe, dafür zu sorgen, dass du im Alter grundversorgt bist – nicht mehr und nicht weniger.»

«Genau. Das Produkt, das ich hatte, gehörte sicherlich zu den weniger sinnvollen Produkten. Jedenfalls für mich – für den Versicherer und die Verkäuferin hat sich das wahrscheinlich sehr gelohnt. Bei mir war es so, dass der Versicherer meinen monatlichen Beitrag, abzüglich der ganzen Kosten, angelegt hat.»

«Aha, das heißt, sie investieren mein Geld für mich und garantieren mir einen gewissen Betrag. Das klingt ja erst mal gar nicht schlecht. Wenig Risiko für den Fall, dass die nächste Finanzkrise ins Haus steht.» Lara sieht zufrieden aus.

«Das stimmt, ja. Allerdings kosten diese Garantien enorme Gebühren. Denn diese Sicherheit lassen sich die Versicherer teuer bezahlen. Sie wissen ja auch nicht, wie die Finanzmärkte stehen werden, wenn ich – und zigtausend andere Versicherte – in Rente gehen. Daher nehmen sie lieber vorab das Geld in Form von Gebühren an sich. Irgendwie muss die Garantie ja finanziert werden. Und letztendlich macht der Versicherer nichts anderes, als mein Geld anzulegen, was man ja auch selbst machen kann …»

«Aber wenn man es selbst macht, hat man doch nicht diese Garantie einer Versicherung», stellt Lara fest.

Ich nicke. «Das stimmt, Lara. Aber schau mal: Die Versicherung legt dein Geld sicher für dich an. Die wollen ja auch keine Verluste machen, also legen sie es eher risikolos an. Dein Geld wird von dem Versicherer so angelegt, dass er den garantierten Zinssatz erreicht. Der liegt aktuell bei 0,9 Prozent. Knappe 1 Prozent bekommst du auch, wenn du dein Geld einfach aufs Tagesgeldkonto legst. Abzüglich der zusätzlichen Gebühren für die Garantie machst du am Ende sogar noch Verlust im Vergleich zum Tagesgeldkonto. Wenn man Garantien haben will, muss man sich darüber bewusst sein, dass diese Garantien recht teuer sind.

Ein rotes Tuch sind auch sogenannte Kombiprodukte. Dahinter versteckt sich eine Koppelung aus einer Rentenversicherung und beispielsweise einer Berufsunfähigkeitsversicherung. Da wird es dann noch intransparenter und noch absurder in der Gebührenstruktur. Wenn schon kacke, dann richtig. Eine vernünftige private Rentenversicherung ist sicherlich ein gutes Instrument, um im Alter halbwegs auf der sicheren Seite zu sein. Das Ziel ist Grundsicherung. Mehr aber auch nicht. Grundsicherung ist etwas anderes, als den Lebensstandard, den man aktuell hat, auch im Alter weiterführen oder gar erhöhen zu können. Denn Vermögensaufbau betreibt man mit 0 bis 1 Prozent Rendite pro Jahr natürlich nicht. Daher bildet eine Rentenversicherung auch nur den absoluten Grundstein einer Finanz- und Vermögensplanung.

Erst in Kombination mit Produkten, die ordentlich Rendite bringen, die dein Erspartes über die nächsten Jahre wirklich wachsen lassen, wird ein Schuh draus. Denn erst dann hast du beides: Grundsicherung im Alter und einen Lebensstandard, auf den du dich freuen kannst. Ob und welche private Rentenversicherung für einen persönlich die beste Wahl wäre, ist eine sehr individuelle Fragestellung. Da gibt es Menschen, die sich damit tausendmal besser auskennen als ich. Eine gute erste Anlaufstelle ist die Verbraucherzentrale – und eben Honorarberatungen.»

Das Ziel einer (privaten) Rentenversicherung ist die absolute Grundsicherung im Alter. Vermögensaufbau betreibt man damit nicht.

Nun schaltet Mark sich wieder ein: «Es gibt doch diese privaten Versicherungen wie Riester und Rürup. Die haben doch auch Steuervorteile ...»

«Das stimmt, man kann die Beiträge von der Steuer absetzen. Aber das kann sich jederzeit ändern, wenn Steuergesetze angepasst werden. Steuern sind nie ein gutes Argument für ein Produkt. Schon gar nicht für ein ansonsten schlechtes Produkt», entgegne ich.

Über Rentenversicherungen kann man sicherlich lange und intensiv streiten. Und ich spreche hier natürlich die ganze Zeit von meiner einen speziellen Versicherung, die sicherlich den Worst Case darstellt. Da habe ich voll in den Scheibenkleister gegriffen, wie meine Mama sagen würde. Dennoch handelt es sich bei meiner Versicherung um ein Produkt, das von einem der größten Versicherer Deutschlands angeboten wird. Keine individuell zusammengestrickte Versicherung einer kleinen Hinterhofklitsche, sondern ein Produkt von der Stange, das einige tausend Menschen da draußen ebenfalls abgeschlossen haben dürften.

Egal, welche Versicherung, welcher Anbieter, welcher Berater. Die Quintessenz aus meiner Erfahrung ist: Investiere in nichts, unterschreibe nichts und kaufe nichts, was du nicht verstehst. Bilde dich fort, informiere dich, frage wirklich unabhängige Stellen um Rat, damit du überhaupt verstehst, was du da unterschreiben sollst. Hätte ich das damals so gemacht, wäre ich um einige tausend Euro reicher. Im Zweifel etwaige Altverträge von der Verbraucherzentrale oder vom Honorarberater prüfen lassen und neue Verträge nur über eine Honorarberatung abschließen. Am Ende des Buches findest du eine Linkliste mit Hinweisen auf Honorarberaterverzeichnisse. So, und nun direkt zurück in die Runde.

Investiere in nichts, unterschreibe nichts und kaufe nichts, was du nicht verstehst.

Lara wendet sehr gewissenhaft einen Maiskolben nach dem anderen in Salz, während sie offensichtlich über die Sache nachdenkt. «Und jetzt hast du dich komplett gegen eine Rentenversicherung entschieden? Das heißt, du bist überhaupt nicht abgesichert?», fragt sie etwas besorgt.

«Doch», sage ich. «Ich mache die ganze Geschichte nur selbst. Rentenversicherungen sind mir zu kompliziert. Aber ich bin da auch etwas extrem unterwegs. Außerdem habe ich ja noch meine Unternehmen als Altersvorsorge.»

«Und du bist auch so schlau und kannst das alles», seufzt Lara und legt ihren Kopf auf meine Schulter.

«Ich? Ich hatte doch auch immer nur eine glückliche Vier in Mathe und habe nichts mit Finanzen studiert. Mit Intelligenz hat das wirklich wenig zu tun», entgegne ich.

«Na gut», sagt sie, «dann bist du eben weniger faul!»

Alle lachen. Weniger faul. Was für ein schönes Kompliment, danke. Aber sie hat recht. Man muss weder sonderlich intelligent noch gut mit Zahlen sein, um seine Geldangelegenheiten in den Griff zu bekommen. Es reicht, ein bisschen weniger faul – oder sagen wir mal bequem – zu sein: ein oder zwei Bücher zu dem Thema lesen, einen Video-Kurs machen oder ein Seminar besuchen. Wie bei allen nachhaltigen Veränderungen im Leben geht es um einen Prozess. Nichts geschieht über Nacht. Es gibt keine Abkürzungen. Man muss lernen, wie es geht, den Prozess durchlaufen und natürlich das Erlernte umsetzen. Wie beim Erlernen einer neuen Sprache. Man fängt vorne an und lernt Schritt für Schritt neue Vokabeln, neue Grammatikregeln dazu. Niemand spricht von heute auf morgen fließend Italienisch.

Es reicht, ein bisschen weniger faul zu sein.

«Etwas fleißiger ... und ich bin eine Frau. Und Frauen sind statistisch gesehen die besseren Anleger. Bei etlichen Untersuchungen kam heraus, dass Frauen an der Börse besser abschneiden als Männer», berichte ich.

«Das kann ich mir sehr gut vorstellen», sagt Papa, der sich Kräuterbutter und Baguette geschnappt hat. «Frauen steht kein Ego im Weg. Männer prahlen ja gerne mal mit ihren Investitionen, Frauen dürften das weniger machen», schätzt er.

Ich ergänze: «Genau. Außerdem haben Frauen kein Problem damit, Fragen zu stellen, wir holen uns gerne Hilfe und machen unsere Hausaufgaben. Und zwar gründlich. Und doch nutzen diese Super-Power so wenige Frauen.»

«Warum eigentlich?», fragt Mark in Mamas Richtung.

«Tja, einfach weil Papa das immer gemacht hat», seufzt Mama und fügt hinzu: «Und weil es mich nicht interessiert hat.»

«Mama, du hast doch seit ein paar Jahren diese Laktoseintoleranz. Ich wette, du hattest anfangs auch keine Lust, dich damit zu beschäftigen. Informationen sammeln, Bücher lesen, anders kochen, immer wieder auf deine Ernährung achten – das ist alles unangenehm und anstrengend. Aber du musstest es tun, um Schmerzen zu vermeiden, um beschwerdefrei und weiterhin mit hoher Lebensqualität leben zu können. Genauso ist es mit den persönlichen Finanzen. Ich kann verstehen, dass es spannendere Themen gibt als Rente, Börse und Sparen. Aber es führt einfach kein Weg daran vorbei, sich zumindest ein bisschen damit zu befassen, um nicht vollkommen übers Ohr gehauen zu werden und nicht in Altersarmut zu enden. Der Cinderella-Komplex, den viele Frauen haben, sich wie im Märchen auf ihren Prinzen zu verlassen, ist dafür leider wenig hilfreich. Was qualifiziert Papa denn eigentlich dafür, sich um euer Geld zu kümmern?»

«Keine Ahnung. Einfach, dass er es macht.»

«Was machst du denn mit eurem Geld?», frage ich Papa.

«Ach, seitdem ich mit der Telekom und so einem Aktienpaket für Lara und dich auf die Nase gefallen bin, liegt alles, was nicht in Versicherungen steckt, auf dem Tagesgeldkonto und schwindet dank der Inflation vor sich hin», erklärt er.

«Geld verlieren und den Rest aufs Tagesgeldkonto legen, damit es dort noch weniger wird, könntest du doch auch, oder Mama?», frage ich.

«Nur, dass ich wahrscheinlich kein Geld verloren hätte, weil mir dieser ganze Telekom-Hype eh komisch vorkam», sagt sie.

«Da ist sie, die weibliche Intuition!», wirft Lara ein.

«Das denke ich auch», sage ich. «Intuition wird in der Literatur manchmal als Superlogik bezeichnet. An der Börse ist unsere weibliche Intuition von unschätzbarem Wert. Denn gerade hier ist es absolut essenziell, zwischen den Zeilen zu lesen, da kommt es ganz viel auf Untertöne und Nuancen, Stimmungen und Gefühle an. Übrigens kommt das Gen, das für die menschliche Intuition verantwortlich ist, überwiegend bei Frauen zur Entfaltung. Gut, oder?»

Frauen sind statistisch gesehen die besseren Anleger.

«Aber zurück zum Thema. Sehr viele Frauen denken, Männer wären – vermutlich einfach aufgrund ihres Geschlechts – automatisch dafür qualifiziert, sich um die Geldangelegenheiten zu kümmern. Männer müssen erfolgreich sein, Frauen hübsch. Überspitzt gesagt: Wie die Frauen sich ganz selbstverständlich um den Haushalt kümmern sollen, sind die Männer für das Thema Geld zuständig. Und dann muss der

Mann mal abwaschen oder die Wäsche aufhängen, aber keine Frau schaltet sich ein, wenn es um das gemeinsame Konto geht. Irgendwie geben wir ganz freiwillig die Verantwortung über unsere finanzielle Existenz aus der Hand, bloß haben die meisten Männer blöderweise selbst keine Ahnung. Das Thema liegt aber bei ihnen, also müssen sie irgendwas damit machen. Und dann kommt da auf einmal die Volksaktie Telekom daher, der Nachbar erzählt vom zweistelligen Gewinn in den letzten drei Wochen und – schwups! – ist das gemeinsame Ersparte in Telekom-Aktien angelegt. Und genauso schnell ist es weg.»

«So ungefähr war das, ja», sagt Papa schmunzelnd, der seine neue Berufung offensichtlich im Marinieren von Tofu gefunden hat.

«Im Nachhinein wäre es wahrscheinlich schon gut gewesen, sich mit Mama darüber auszutauschen und solche Entscheidungen gemeinsam zu treffen. Aber ehrlich gesagt, habe ich sie ja auch nie gefragt.»

Mama seufzt. «Es ist echt blöd von mir, mich so davor zu drücken. Wir leben schließlich im Jahr 2017. Ich weiß noch, dass Oma damals Opa um Erlaubnis fragen musste, um in der kleinen Bäckerei in unserer Straße arbeiten zu dürfen. Und dass sie als Frau kein eigenes Konto haben durfte und ihr Vermögen bei der Hochzeit komplett an Opa übergegangen ist. Das war damals einfach so. Aber das war alles vor über 40 Jahren. Und ich sitze hier und verhalte mich nicht viel anders. Ich gehe davon aus, dass wir uns nie trennen werden. Und selbst wenn, wird schon irgendwie alles gut werden. Von alleine quasi. Das dachte Ute sich sicherlich auch ...»

«Du solltest dir deswegen aber keine Vorwürfe machen,

Mama», sage ich. «Die Mischung aus Sozialisierung und der absichtlich komplizierten Darstellung des Themas lässt uns Normalos erstarren. Das Wichtigste ist, dass du den Schalter im Kopf umlegst, dich nicht mehr über vergangene Entscheidungen oder Verhaltensweisen ärgerst und vor allem nicht bis zur persönlichen Notsituation wartest, um etwas zu ändern. Denn in solchen Notlagen voller Trauer, Angst und Verzweiflung kann man keine vernünftigen Entscheidungen treffen. Da ist es am besten, wenn das Wichtigste – die eigene finanzielle Existenz – bereits geregelt ist und du dir keine Sorgen zu machen brauchst.»

Ärgere dich nicht über vergangene Verhaltensweisen. Schaue nach vorn und vor allem: Warte nicht bis zu einer Notsituation, um deine Finanzen in den Griff zu bekommen.

«Ich verstehe die Argumente ja und weiß, dass ich mich eigentlich kümmern sollte. Aber ich zweifle immer noch daran, es perfekt hinzubekommen. Das ist schon recht viel Verantwortung und viel Wissen, das man sich aneignen muss. Außerdem bin ich schon Mitte 50. Ist das nicht etwas spät, um mit dem Vermögensaufbau anzufangen?»

«Schau mal, Mama», sagt Lara, «was du schon alles hinbekommen hast. Du hast zwei Kinder großgezogen, einen kompletten Haushalt organisiert und jeden Tag superwichtige Entscheidungen getroffen.»

«So ist es!», rufe ich. «Außerdem muss nichts perfekt sein. Es braucht nur gesunden Menschenverstand, um die gröbsten

Fehler à la Telekom-Aktie nicht zu machen. Dann fährt man schon supergut. Wir können ja nachher mal genau schauen, wie so etwas geht. Und zu deinem Alter: Ein paar Rücklagen hast du ja bereits. Meiner Meinung nach ist es in jedem Alter absolut sinnvoll, auf sicheren Beinen zu stehen und sein Geld zu vermehren. Sicherlich wird es eher sportlich, wenn du mit 67 als Millionärin in Rente gehen möchtest ... aber 12 Jahre reichen aus, um noch einiges herauszuholen.»

«Bei Lara kommt ja jetzt auch zum ersten Mal Geld rein ...», stellt Papa fest.

Lara unterbricht ihre Radieschenschneide-Zeremonie, während sie überlegt. «Ja ... aber ich verdiene nicht sonderlich viel. Für die paar Kröten lohnt sich der ganze Aufwand kaum. Außerdem bin ich ja über die gesetzliche Rente versichert.»

«Ich denke, auf die gesetzliche Rente sollte sich eure Generation nicht verlassen», sagt Mama. «Vor ein paar Jahren hat die Politik doch schon verkündet, dass die gesetzliche Rente in Zukunft nicht mehr dafür da ist, den Lebensstandard zu sichern. Im Gegenteil: Das Rentenniveau wird immer geringer. Im Jahr 2030 bekommt man nur noch einen Teil seines Jahresgehalts als Rente. Und das vor Steuern.»

Ich übernehme die Rechnerei. «Wenn man durchschnittlich 2500 Euro monatlich verdient hat, bekommt man ca. 688 Euro Rente, wovon dann noch Steuern abgehen. Und vorausgesetzt, du hast wirklich 35 Jahre lang zu diesem Gehalt gearbeitet. Was wir Frauen ja oftmals nicht tun. Wir bekommen Kinder, arbeiten zwischendurch in Teilzeit, pflegen unsere Eltern und so weiter. Hochrechnungen zufolge wird bei bis zu 75 Prozent der heute 35- bis 50-jährigen Frauen die gesetzliche Rente unter dem jetzigen Hartz-IV-Niveau liegen.[3] In konkreten Zahlen bedeutet das: unter 400 Euro pro Monat.»

Lara lässt ihr Messer auf die Arbeitsplatte rutschen. «400 Euro? Wie soll man denn damit klarkommen?»

«Gar nicht», sage ich. «Deswegen sollte man sich eben nicht ausschließlich auf den Staat verlassen.»

«Okay, aber was soll ich denn machen, wenn ich als Berufsanfängerin so wenig verdiene? Agentur-Business ist nun mal viel Arbeit und wenig Geld.»

«Ja, ich weiß. Aber das Schöne ist, dass auch beim Geld gilt: Kleinvieh macht auch Mist. In diesem Fall schönen Mist. Angenommen, du fängst mit 25 Euro pro Monat an und investierst diese zu durchaus realistischen fünf Prozent Gewinn pro Jahr. Deinen monatlichen Sparbetrag von 25 Euro erhöhst du jedes Jahr um zehn Prozent. Nach 40 Jahren hättest du so ein Vermögen von über 235 000 Euro angehäuft.»

«Klingt nicht schlecht. Aber ich weiß ja gar nicht, wie ich zu den fünf Prozent komme, und habe auch nicht die Zeit, mich damit zu beschäftigen.»

Es macht in jedem Alter und mit jedem noch so kleinen Anfangsbetrag Sinn, dein Geld zu vermehren.

Das sind übrigens genau die Ausreden, die ich ständig zu hören bekomme: Ich weiß nicht wie und habe auch keine Zeit, es herauszufinden und mich ständig darum zu kümmern. Doch das lasse ich nicht gelten. Wenn ich das hinbekommen habe, schafft das jede.

«Bis vor zwei Jahren wusste ich auch nicht, wie es geht. Und weißt du, wie ich angefangen habe?» Lara schaut mich erwartungsvoll an.

«Indem ich jeden Tag eine Sache getan habe, die mit Geld und Finanzbildung zu tun hat. Ich habe angefangen, indem ich mir ein Buch gekauft und jeden Tag darin gelesen habe. Und wenn es nur zehn Minuten waren. Ich habe angefangen, Podcasts zu hören und YouTube-Videos zu schauen. Jeden Tag ein bisschen. So habe ich Stück für Stück, Tag für Tag immer mehr dazugelernt und es hat nicht viel Zeit in Anspruch genommen. Zehn Minuten pro Tag hat nun wirklich jeder übrig.

Tue jeden Tag eine Sache, um deine finanzielle Bildung voranzutreiben.

Ich kann dir nur sagen, es ist kein Hexenwerk. Es gibt keine geheimen Informationen oder Formeln, die nur bestimmte Menschen kennen. Und es ist weniger Aufwand, als du denkst. Ein Mitglied in unserer Facebook-Gruppe hat vor ein paar Tagen vorgerechnet, wie lange der Prozess von ‹Ich habe überhaupt keine Ahnung› zu ‹Ich habe meine Finanzen im Griff› bei ihr gedauert hat: Sie hat angefangen mit meinem E-Book ‹Bali statt Bochum› und es in ca. fünf Stunden durchgelesen. Dann hat sie zwei Ausgaben der Zeitschrift Finanztest studiert. Danach hat sie an einem lokalen Moneypenny-Treffen in Stuttgart teilgenommen, ein weiteres Finanzbuch gelesen und mit der Umsetzung begonnen. Zeitaufwand: Knapp 21 Stunden, verteilt auf zwei Wochen.

«Schau mal, Lara, wir haben alle gleich viel Zeit, nämlich 24 Stunden am Tag. Der Papst, Madonna, Angela Merkel, Mark Zuckerberg, Bill Gates, Sheryl Sandberg, du und ich. Allerdings nutzen manche ihre Zeit für andere Dinge als andere Menschen. Wenn du sagst: ‹Ich habe keine Zeit›, bedeutet das, dass du die Zeit, die du hast, lieber mit etwas anderem verbringst. Es geht nicht um Zeithaben, sondern um Prioritäten. Zudem nutzen manche ihre 24 Stunden effizienter als andere. Angenommen, du schläfst sieben und arbeitest acht Stunden pro Tag. Dann hast du immer noch neun Stunden übrig. Neun Stunden pro Tag! Und die kompletten Wochenenden. Übrigens: Wie lange recherchierst du, bevor ihr in den Urlaub fahrt? Oder bevor du dir neue Schuhe kaufst? Sicherlich einige Stunden oder sogar Tage. Dafür haben die meisten Menschen überraschenderweise immer Zeit. Wenn es aber um die eigene Existenz geht, ist die Zeit auf einmal knapp. Man kann seine Zeit aber auch nutzen, um sich weiterzubilden, neue Dinge auszuprobieren und sich in neue Themen einzuarbeiten. Das hast du doch in den letzten Wochen auch getan: Du hast dir ein neues Auto gekauft.»

Es gibt keine geheimen Informationen oder Formeln. All das Wissen, das du brauchst, ist frei zugänglich.

«Da du dich mit Autos überhaupt nicht auskennst, das weiß ich, musstest du dich informieren und einarbeiten. Was war denn das Ziel der ganzen Aktion? Warum hast du dich entschieden, ein neues Auto zu kaufen?»

«Weil mein vorheriges Auto komische Geräusche gemacht

hat und der Mechaniker sagte, es würde nicht mehr lange durchhalten. Bevor ich irgendwo liegenbleibe und mir dann noch einer reinfährt, wollte ich besser jetzt auf ein neues Auto wechseln», antwortet Lara.

«Okay, du hast dir also angesehen, was du aktuell hast, warst damit nicht mehr zufrieden, hast einen Gefahrenherd darin ausgemacht und entschieden: Etwas anderes muss her. Sicherheit ist dir also wichtig bei einem Auto. Was ist dir noch wichtig? Warum fährst du nicht Bahn?»

«Ich möchte schnell auf der Arbeit sein, ohne zu viel Stress. Bahnfahren ist mir zu aufwendig und unbequem. Es dauert länger und man ist unflexibel. Außerdem ist meine Tasche immer so schwer.»

«Gut. Also Schnelligkeit, Bequemlichkeit, Flexibilität, Kosten. Und welche Kriterien sollte dein neues Auto erfüllen? Wonach hast du gesucht?»

«Ich wollte einen Wagen, der nicht zu groß, Sprit sparend und sicher ist. Außerdem sollte er natürlich gut aussehen – sportlich eben – und in mein Budget passen. Ein guter Wiederverkaufswert spielte auch eine Rolle, falls ich ihn nach ein paar Jahren wieder loswerden möchte. Ach ja, Sitzheizung natürlich!» Lara lacht.

«Du hast also deinen Status quo analysiert, dir ein Ziel gesetzt und Auswahlkriterien für dein Auto festgelegt. Was hast du dann gemacht?»

«Na, dann hieß es: Testberichte lesen, Modelle recherchieren, Preise vergleichen, Autos anschauen, Probe fahren. Ich war bei Händlern in Essen, Oberhausen und Dortmund, um mein Schätzchen zu finden», berichtet Lara, während sie die Brombeeren für den Nachtisch in eine Schüssel füllt.

«Du hast dich also von vorn bis hinten in ein komplett neues Thema eingearbeitet und bist zur kleinen Autoexpertin geworden. Was man bei der eigenen Finanzplanung macht, ist tatsächlich genau das Gleiche. Man bildet sich weiter. Man holt sich Informationen, die es übrigens alle da draußen gibt, man bildet sich. Wenn ich nicht weiß, was ich tun muss und wie das Spiel läuft, kann ich es nicht erfolgreich spielen. Dann werde ich übers Ohr gehauen und habe schon verloren, bevor ich das Spielfeld überhaupt betrete. Finanzielle Bildung ist der Schlüssel für eine finanziell sichere Zukunft und alles darüber hinaus. Geld alleine bringt einen nicht weiter. Wenn du nicht weißt, wie du mit dem Geld umgehen musst, ist es bald weg.»

Finanzielle Bildung ist der Schlüssel für eine finanziell sichere Zukunft und alles darüber hinaus.

«Ihr kennt doch diese Geschichten von Lotto-Millionären und Pleite-Promis auf RTL II. Menschen, die etliche Millionen gewonnen oder verdient und nach ein paar Jahren alles verloren haben. Die Kohle, die Frau, den Job und alle Freunde. Michael Jackson, Toni Braxton, Mike Tyson und jüngst ja auch Boris Becker.»

«Wie kann man denn pleitegehen, wenn man so viel Geld hat?», wundert Mama sich und schüttelt vehement den Kopf.

«Da sind wir wieder bei den Ausgaben, die mit den Einnahmen steigen. Was machen denn die ganzen Lottomillionäre? Kaufen sich teure Häuser, Autos und schmeißen eine Party nach der anderen. Was sie nicht berücksichtigen, sind die stetigen Folgekosten, die diese Dinge produzieren. Reparaturen, Instandhaltung, Versicherungen, und, und, und. Anstatt das Geld sinnvoll zu investieren und sich nur eine 950 000-Euro-Villa statt einer 3-Millionen-Euro-Villa zu kaufen, verkonsumieren sie alles und werden von Beratern ausgenommen. Warum? Weil sie keine ausreichende Bildung in diesem Bereich haben. Bei deinem Autokauf hast du dich sicherlich auch nicht ausschließlich auf die Empfehlung des Autoverkäufers verlassen, oder?»

Lara schüttelt vehement den Kopf und sagt: «Auf keinen Fall. Ich weiß doch, dass der mir nur etwas verkaufen will. Ich habe mich lieber selbst ein wenig schlaugemacht.»

«Genau. Und das hat doch gar nicht so lange gedauert, oder? Von ‹null Ahnung› auf ‹Ich habe ein neues Auto und bin damit super zufrieden!› in ...», ich schaue Lara mit hochgezogenen Augenbrauen an, in der Hoffnung, dass sie die Satzlücke füllt.

«... circa drei Wochen.»

«In drei Wochen! Das ist doch super. Natürlich hättest du drei Jahre darauf verwenden können, jeden Autotyp, jeden Hersteller, jedes Modell, jeden Motor und jedes Getriebe genauestens zu studieren. Hast du aber nicht. Denn du wusstest von vornherein, dass Geländewagen, Zweisitzer, Familienkutschen und Rennwagen für dich persönlich nicht das richtige Gefährt wären. Du hast dich ausschließlich mit mittelgroßen Wagen befasst, die sich für die Stadt eignen und dich sicher und bequem von A nach B bringen. Diese Vorauswahl hat dir eine enorme Zeitersparnis verschafft. So ist es beim Thema Finanzen auch. Natürlich gibt es da draußen zig Produkte, die man nicht versteht. Aber die sind für uns vollkommen irrelevant, denn wir wollen einfach nur langfristig Geld anlegen –

für die Rente, Vermögensaufbau, finanzielle Sicherheit und Unabhängigkeit. Du hast bei deiner Autosuche ja sicher auch nicht nach Geländewagen gesucht. Die eignen sich nämlich nicht für deine aktuellen Bedürfnisse, sie brauchen Platz und schlucken zu viel Sprit. Aber um das festzustellen, muss man kein Buch über Geländewagen lesen – das erkennt man sofort. So ist es auch bei den persönlichen Finanzen: Es gibt Produkte, die für uns als langfristige Anlegerinnen vollkommen irrelevant sind. Was man bei der eigenen Finanzplanung macht, ist tatsächlich genau das Gleiche. Man analysiert den Status quo: Was habe ich, wo stehe ich, fahre ich damit gut? So ging es dir mit deinem alten Auto: Es entsprach nicht mehr deinen Bedürfnissen. Dann setzt man sich ein Ziel: Wo will ich hin, was möchte ich verbessern? Und dann fragt man sich: Was ist mir dabei wichtig und was ist meine Strategie? Du wolltest schnell und sicher zur Arbeit kommen, hast dich also gegen die Bahn entschieden. Wenn man dann alles eingegrenzt hat, wählt man nur noch die richtigen Produkte aus und kauft. Und unterwegs tauschst du dich mit Gleichgesinnten aus, um Tipps, Erfahrungswerte und Meinungen einzuholen. So hast du es beim Autokauf ja sicherlich auch gemacht: mit Papa, Mark oder einer Freundin darüber gesprochen. Beim Thema Geld kann man es ganz genauso machen. Dafür habe ich ja damals die Madame-Moneypenny-Facebook-Gruppe gegründet – und mittlerweile sind einige tausend Frauen versammelt, die sich über Finanzthemen austauschen. Wir unterstützen uns gegenseitig – so ist es für alle leichter. Ich sag ja: alles kein Hexenwerk. So einfach wie ein Autokauf», erläutere ich und bin ein wenig stolz auf diese Analogie.

«Und man lässt sich am besten nicht vom Autoverkäufer

irgendwelche Extras aufdrücken, die man eigentlich gar nicht haben will. So wie beim Versicherungsmakler», sagt Mama lachend.

«So ist es! Und hierin liegt ein großer Unterschied zum Autokauf: Man verkauft nicht nach fünf Jahren wieder, um sich das neueste Modell zu gönnen, sondern bleibt seiner Strategie treu und tut über die nächsten 30 Jahre gar nichts. Zu viel Aktivität ist hierbei sogar schädlich. Das Management der eigenen Finanzen ist im Endeffekt sogar noch weniger zeitintensiv, als alle fünf Jahre ein neues Auto zu kaufen und sich ständig mit den neuesten Features zu beschäftigen.»

«So ein Autokauf ist ja letztendlich auch eine Finanzentscheidung», stellt Lara fest.

«Stimmt», sage ich und ergänze: «Du hast also bereits eine ziemlich große Finanzentscheidung in deinem Leben getroffen.»

Wir werkeln alle einen kurzen Moment vor uns hin, aber dann kann ich nicht anders, als das Thema noch mal aufzugreifen. «Mama, ihr habt doch vor fünf Jahren die komplette Wohnung renoviert: neue Küche, neue Wandfarbe, neue Wohnzimmermöbel und sogar ein neues Bad. Wer hat das alles ausgesucht, gemanagt und budgetiert?»

«Hauptsächlich ich. Papa hat ja keine Ahnung, was gut aussieht. Und dann muss es auch noch praktikabel sein – gerade die Küche. Meist bin ich ja in der Küche zugange ...»

«Und auch am längsten im Bad», unterbricht Papa und zwinkert uns zu.

«Ja, ja.» Mama tätschelt ihm die Wange. «Da ich mehr Zeit in der Küche – und im Bad – verbringe, war es mir schon wichtig, das Heft in der Hand zu halten und zu entscheiden, wie die Küche aufgebaut sein soll, damit alles logisch sortiert werden kann und ich mich zurechtfinde. Und das natürlich in dem Budget, das wir uns gemeinsam gesetzt hatten.» Sie überlegt kurz und sagt dann: «Das war also auch eine Finanzentscheidung und eigentlich gar nicht so schwierig. Und weil es meine Küche ist, habe ich mich darum gekümmert und nicht an Peter übergeben. So wie Lara sich ihr eigenes Auto auch selbst ausgesucht hat.»

«Und Lara ist ganz nebenbei sogar ein vermeintliches Männerthema angegangen und hat nicht Mark gebeten, ein Auto für sie zu kaufen», wirft Papa ein.

«Zum Glück», seufzt Mark, «denn mit Autos kenne ich mich überhaupt nicht aus.»

Ob wir uns ein Auto oder eine Küche, eine Hose im Laden oder eine Tasche auf eBay kaufen, wir treffen jeden Tag etliche größere oder kleinere Finanzentscheidungen. Bei all diesen Dingen geht es um Geld. Mal um mehr, mal um weniger. Geldmanagerinnen sind wir alle bereits, auch wenn es dabei fast immer um konkrete Gegenstände oder Dienstleistungen geht. Was es nun braucht, um dieses alltägliche Vorgehen auch auf Finanzentscheidungen übertragen zu können, sind Struktur, ein Plan und neue Wege. Man muss nur einfach anfangen!

Deine Challenge:

«Einfach anfangen!» Damit ist nicht gemeint, dass du direkt morgen deine Rentenversicherung kündigen oder dein Gespartes in Aktien anlegen sollst. Am besten ist es, wenn du dich langsam, aber sicher an das Thema Finanzen herantastest. Idealerweise machst du jeden Tag eine Sache, die mit Geld zu tun hat.

Das könnte sein: Jeden Tag deinen Kontostand checken. Oder eine Zeitschrift kaufen und jeden Tag darin herumblättern. Du musst sie gar nicht direkt lesen und verstehen, sondern für den Anfang einfach nur reinschauen. Irgendwann wirst du sie ganz von allein lesen. Oder du könntest täglich deine Gedanken und Gefühle zu Geld aufschreiben oder jeden Tag mit deiner besten Freundin für 15 Minuten über Geld reden. Oder du schaust in unserer Facebook-Gruppe vorbei und liest täglich die Beiträge und Kommentare.

Deine erste Challenge lautet: Finde für die nächsten 30 Tage jeweils eine Sache, die du tun wirst, um deine finanzielle Bildung voranzutreiben. Beginne noch heute damit, lies über Geld oder rede darüber. Wenn du keine Zeit hast, jeden Tag eine Stunde lang zu lesen, dann lies eben nur fünf oder zehn Minuten. Egal was, leg einfach los.

Ich habe dir konkrete Tools versprochen: In meinem Online-Kurs zum langfristigen Vermögensaufbau lernst du alles, was du dazu wissen musst. Ein Video pro Tag und du bist super dabei! Um einen Fortschritt festzuhalten, gibt es das Madame-Moneypenny-Finanzjournal. Hier gibt es eine extra Rubrik, in der du einträgst, was du heute für dein Geld und deine finanzielle Bildung getan hast.

Only the powerless live in a money culture and know nothing about money.

Phyllis Chesler

TISCHDEKO UND HAUSHALTSBUCH

Wie sich Finanzen wunderbar auf Servietten rechnen lassen – Warum du nicht zu lange für deinen Döner anstehen solltest – Was es mit guten und schlechten Schulden auf sich hat – Was Frustkäufe mit uns machen und warum meine Schwester das Eisgeld unserer Eltern nicht annehmen kann – Was meine Mama rückblickend anders machen würde und was das alles mit Goethe zu tun hat

Nachdem nun das ganze Grillgut hergerichtet ist und die Glut genau die richtige Farbe hat, beginnt die bei uns übliche Arbeitsteilung: Männer an den Grill, Frauen zum Tischdecken. Das verkündet zwar niemand, aber es ergibt sich dennoch so. Papa und Mark stehen am Grill und tun, was man eben am Grill so tut. Mama, Lara und ich befördern Grillgut, Besteck, Soßen, Salate und so weiter von der Küche herunter in den Garten.

Da ich mir aus Tischdeko nichts mache – meinetwegen kann gerne eine Rolle Küchenpapier anstatt gefalteter Servietten auf dem Tisch liegen –, übernimmt Lara das Ruder. Und ich muss falten. Unser Schnippel-Gespräch hat sie anscheinend zum Nachdenken angeregt.

«Sag mal, du hast eben in der Küche behauptet, dass dieses Finanzding nicht schwierig sei. Aber wie fängt man denn überhaupt an? Woher weiß ich, in was ich mein Geld investieren muss? Also in welche Aktien und so weiter?»

Ich freue mich so sehr über ihr Interesse, dass ich am liebsten einen Schwan aus der blöden Serviette falten würde. Leider weiß ich nicht, wie das geht, und konzentriere mich lieber auf eine passende Antwort.

«Bevor du überhaupt ans Investieren denkst, geht es erst einmal darum, zu schauen, wie deine aktuelle Lage aussieht. Sowohl finanziell als auch seelisch. Nur wenn du weißt, wo du heute stehst, kannst du mit einem guten Plan dorthin gelangen, wo du morgen sein möchtest. Wie bei deinem Autokauf: Erst einmal die aktuelle Lage verstehen, bevor man sich ins Getümmel stürzt. Dies ist die absolute Basis für alles Weitere. Das können wir ja direkt mal machen, wenn du magst.»

«Aha ...», sie zögert kurz, «... das ‹seelisch› klingt ein wenig esoterisch, aber ich vertrau dir mal.»

Mich erwischt der nächste Freudenschub: Ein Schwan ist jetzt zu wenig, am liebsten würde ich gleich das ganze Taj Mahal aus der blöden Serviette falten. Aber natürlich weiß ich wieder nicht, wie das geht. Dafür kann ich mit einem Stift umgehen, den ich – natürlich rein zufällig – aus der Küche mitgenommen habe.

«Für deinen finanziellen Status quo musst du eigentlich nur zwei Fragen beantworten: Was habe ich, was einen Wert besitzt? Und: Was habe ich an Schulden? Die Werte nennt man auf Fachchinesisch Vermögenswerte. Vermögenswerte sind Dinge, die dafür sorgen, dass Geld in deinen Taschen landet oder landen kann. Es gibt folglich einen Cashflow von dem Vermögenswert hin zu dir. Eine Immobilie, Aktien oder ein eigenes Unternehmen wären Beispiele für Vermögenswerte.

Eine Immobilie bringt dir Miete ein und kann mittels Verkauf zu Geld gemacht werden. Cash, das irgendwo auf einem Konto oder unterm Bett rumliegt, Lebens- oder Rentenversicherungen und Bausparverträge zählen auch dazu. Das schreibst du hier in diese Spalte», erkläre ich und male eine kleine Tabelle auf eine Serviette.

«Wenn du das hast», fahre ich fort, «geht es an die Schulden. Hier listest du auf, bei wem du in der Kreide stehst. Studienkredit, offene Rechnungen, Kredit fürs Auto und andere Kredite oder Schulden. Und am Ende stellen wir dann beides gegenüber und schauen, wovon du aktuell mehr hast: Vermögenswerte oder Schulden.»

Vermögenswerte		Schulden	
Cash		Studienkredit	
Immobilien		offene Rechnungen	
Versicherungen		Kredit 1 (Auto)	
Aktien		Kredit 2	
Wertgegenstände		Kredit 3	
Unternehmen			
Total		Total	

«Dann schieß mal los!», fordere ich sie auf.

«Wie? Jetzt sofort?!»

«Na ja, warum nicht? Oder hast du etwas Besseres vor? Willst du vielleicht den Männern zeigen, wie man grillt?» Ich deute auf den Grill, wo Mark versucht, ein über Bord gegangenes Tofuwürstchen aus der Glut zu retten, und sich dabei den Daumen verbrennt, während Papa eine überraschenderweise doch recht heiße Kartoffel aus der Hand fallen lässt. Lara zieht die Augenbrauen hoch und schüttelt den Kopf. «Also: Wie viel Geld hast du frei verfügbar auf dem Konto?», frage ich mit gezücktem Stift. Lara öffnet ihre Banking-App.

«Auf meinem Girokonto habe ich aktuell ca. 7500 Euro.»

«Alles klar», murmele ich und trage die Zahlen in die Tabelle ein.

«Weiter?»

«Ich glaube, Papa hatte mal einen Bausparvertrag für mich abgeschlossen. Er meinte letztens, dass da ca. 7000 Euro schlummern. Na, und das Haus werde ich ja mal erben», stellt sie fest.

«Ähm, 50 Prozent davon, meine Liebe», korrigiere ich sie. «Wenn überhaupt.»

«Wie ‹wenn überhaupt›?»

«Falls Papa sterben sollte, bekommt erst einmal Mama 50 Prozent, und wir beide teilen uns die anderen 50 Prozent. Wenn Mama aber wieder heiraten sollte, tritt mit ihrem Mann jemand Neues in die Erbengemeinschaft ein. Die Kuchenstücke werden also immer kleiner. Außerdem habe ich zum Thema Erbe schon die unglaublichsten Geschichten gehört, in denen sich Eltern mit ihren Kindern überworfen haben oder die Eltern das Eigenheim den Nichten und Neffen vererben wollten. Darauf würde ich mich also nicht verlassen. Solange dir etwas nicht gehört, gehört es auch nicht in diese Aufstellung. Falls du jetzt ein Häuschen hättest, würden wir im Internet nachschauen, für welchen Preis vergleichbare Immobilien angeboten werden, und eine pessimistische Schätzung aufschreiben. Hast du aber nicht. Daher tragen wir bei Immobilien eine Null ein.»

Lara hat weder eine Lebensversicherung noch ein Unternehmen. Wenn du deine Aufstellung machst und diese Werte berücksichtigen möchtest, zählt bei Versicherungen der garantierte Rückkaufwert. Der steht in deinen Unterlagen. Bei Unternehmen gilt es, den gegenwärtigen Wert zu schätzen. Hier zählt nicht das eventuell eingezahlte Stammkapital, sondern der Betrag, den jemand heute schätzungsweise zahlen würde, um dein Unternehmen zu kaufen.

«Das sieht doch schon mal gut aus. Nun zu den Schulden ...»

Ich setze den Stift an.

«Das neue Auto. Dafür habe ich einen Kredit über 10 000 Euro aufgenommen», berichtet Lara.

«Und mit Zinsen?»

«10 500 Euro mit Zinsen. Ach so, und eine Rechnung vom Möbelhaus ist noch offen: 250 Euro. Das war's.»

«Ist notiert!» Ich vervollständige die Tabelle.

Vermögenswerte		Schulden	
Cash	7500	Studienkredit	0
Immobilien	0	offene Rechnungen	250
Versicherungen	7000	Kredit 1 (Auto)	10 500
Aktien	0	Kredit 2	0
Wertgegenstände	0	Kredit 3	0
Unternehmen			
Total	14 500	Total	10 750

«Wenn man die Schulden von den Vermögenswerten abzieht, ergibt sich dein Nettovermögen von 3750 Euro, was okay ist. Hauptsache, dein Nettovermögen ist positiv.»

«Was bedeutet das eigentlich: ‹Positives Nettovermögen›?»

«Ein positives Nettovermögen heißt, dass du mehr Werte als Schulden hast. Du hast mehr Dinge, die dir Geld in die Taschen bringen, als umgekehrt. Das gibt dir eine gewisse finanzielle Sicherheit. Wenn du mehr Schulden als Vermögen hättest und morgen deinen Job verlieren würdest, wärst du in einer schwierigen Lage. Denn wie willst du die Schulden abbezahlen, wenn kein Geld mehr reinkommt? Wenn du aber mehr Vermögenswerte als Schulden hast, also ein positives Nettovermögen, sorgen die Vermögenswerte dafür, dass auch in einer Notsituation Geld reinkommt. Du könntest dir das Geld aus dem Bausparvertrag auszahlen lassen, ein Einkommen aus Vermietungen beziehen oder später einmal das Haus verkaufen. Mit einem positiven Nettovermögen hast du viel mehr finanzielle Möglichkeiten und Sicherheit.»

Ein positives Nettovermögen ist die Grundlage für finanzielle Sicherheit.

Meine Schwester hat nun zufällig ein positives Nettovermögen. Wenn deins negativ ist, ist das nicht weiter schlimm. Wichtig ist, dass du dich in die richtige Richtung bewegst. Verfalle bitte nicht in ein Geld-Koma und schmeiße alles hin, bevor du überhaupt angefangen hast. Die Formel ist simpel: Du baust Nettovermögen auf, indem du Schulden tilgst und in Vermögenswerte investiert.

Begib dich langsam in die richtige Richtung und «keep on moving». Immer schön einen Schritt nach dem anderen machen. Die richtige Richtung ist wichtiger als der faktische Status quo in Zahlen. Die Zahlen folgen ganz automatisch, wenn du dich um deine Finanzen kümmerst.

«Angenommen, ich hätte mehr Schulden als Werte,» hakt Lara nach, «was müsste ich dann tun?»

«Tja, so schnell wie möglich die Schulden abbezahlen. Genauer: die schlechten Schulden. Es gibt gute und schlechte Schulden. Gute Schulden helfen dir dabei, Vermögenswerte zu erlangen. Wie beispielsweise ein Kredit für ein Mietshaus. Ohne den Kredit von der Bank könntest du das Haus nicht erwerben und dir daher diesen Vermögenswert nicht auf- und ausbauen. Diese Schulden helfen dir also – vorausgesetzt, die Finanzierung ist vernünftig geplant – beim Vermögensaufbau. Schlechte Schulden sind Schulden für Dinge, die keine Vermögenswerte sind. Beispielsweise ein Kredit für einen neuen Fernseher oder eben ein Auto, wie bei dir. Solche Konsumschulden sind teuer und bringen den Vermögensaufbau nicht voran. Im Gegenteil: Durch die Kreditkosten hindern sie dich am Vermögensaufbau. Bei dir ist das okay, weil das Gesamtergebnis positiv ist. Dennoch solltest du den Kredit für dein Auto natürlich so schnell wie möglich loswerden.»

«Klaro», stimmt Lara mir zu.

Es gibt gute und schlechte Schulden. Die schlechten Schulden, die dir nicht beim Vermögensaufbau helfen können, solltest du so schnell wie möglich abbezahlen.

«Und angenommen, Mark und ich würden uns ein Haus kaufen wollen, irgendwo hier in der Nähe. Am liebsten ein wenig außerhalb des Stadttrubels. Ein Kredit dafür gehört zu den guten Schulden, richtig? Es handelt sich ja um eine Immobilie.»

«Jein. Du hast zwar recht: Es handelt sich um eine Immobilie. Aber: Wenn du ausschließlich selbst in der Immobilie wohnst, anstatt sie zu vermieten, handelt es sich eigentlich nicht um einen Vermögenswert. Eine Immobilie kann entweder ein Vermögenswert sein, der Geld in meine Taschen bringt, oder eine Verbindlichkeit, die dir das Geld aus der Tasche zieht. Das Eigenheim irgendwo in der Pampa kurz vor Mettmann dürfte in den nächsten Jahren nicht sonderlich an Wert gewinnen. Dadurch, dass es nicht vermietet ist, generiert es keinen Cashflow, also keinen Geldfluss durch Mieten für dich. Im Gegenteil: Es sorgt dafür, dass immer wieder Geld von dir in das Eigenheim fließt: Instandhaltung, Reparaturen und so weiter. Als Selbstnutzerin musst du diese Kosten nicht nur allein tragen, sondern kannst sie auch nicht von der Steuer absetzen. Bei einer vermieteten Immobilie ginge das hingegen. Die wesentlichen Vorzüge eines Immobilieninvestments gehen im Falle eines Eigenheims vollkommen verloren. Das Eigenheim in der Pampa ist daher eine Lifestyle-Entscheidung, keine Investition.»

«Aber das Eigenheim wird doch immer als *die* Altersvorsorge angepriesen. Und schließlich muss ich dann keine Miete zahlen. Das ist doch super!», findet Lara.

«Ja, das Eigenheim wird sehr offensiv als eines der wichtigsten Investments verkauft. Und zwar von denen, für die es wirklich ein lohnendes Geschäft ist: den Banken. Die freuen sich über deinen 400 000-Euro-Kredit. Klar, du sparst die Miete. Aber stattdessen musst du ja den Kredit abbezahlen. Und es dauert in der Regel ca. 40 Jahre, bis man einen solch hohen Kredit abbezahlt hat. Außerdem können und werden sich zwischendurch die Zinsen ändern, sodass du plötzlich doppelt so hohe Schuldzinsen zahlen musst und somit deine monatliche Belastung extrem steigen kann.»

«Aber in den eigenen vier Wänden zu wohnen ist doch schön!»

«Klar ist das schön. Ich stelle mir das super vor: Man kann mit dem Gebäude machen, was man will. Küche, Fußboden und Bäder nach Wunsch einrichten. Man kann bohren und Wände rausreißen, wie man will, und muss keine Angst haben, dass der Vermieter die Miete erhöht. Das stimmt alles. Aber es steckt eine andere Motivation hinter einem solchen Kauf. Wenn ihr euch aktiv dafür entscheidet, ein Haus zu kaufen oder zu bauen, um die Freiheiten zu haben, die ihr bei einem Mietshaus nicht habt, ist das ja vollkommen in Ordnung. Nur solltet ihr dieses Eigenheim dann nicht als Investitionsobjekt sehen und darauf eure komplette Altersvorsorge aufbauen.»

Vermögenswerte generieren Geld.
Verbindlichkeiten kosten Geld.

«Okay, ich weiß also nun, welches Vermögen ich habe und welches eben nicht», fasst Lara zusammen.

«Wie geht es weiter?»

«Du weißt nun, was du besitzt. Ganz nüchtern und ohne Wertung. Eine reine Bestandsaufnahme ...»

Ich will gerade weitererzählen, dass man sich nun überlegt, welche Posten man besser loswerden oder umschichten sollte, als Mark mir ins Wort fällt.

Er hat das Würstchen-Retten wohl für einen Moment Papa überlassen und die Serviette erspäht: «Du bist ja doch eine ganz gute Partie», witzelt er in Laras Richtung.

Deren Mimik sagt so etwas wie: «Im Gegensatz zu dir, mein Freund ...» Aber Mark lässt sich nicht beirren und wendet sich an mich. «Natascha, mir ist vorhin am Grill eingefallen, dass ich auch noch so eine komische Rentenversicherung habe ... Aber die jetzt aufzulösen wäre doch Quatsch, oder? Ich habe da ja schon einiges eingezahlt. Das wäre dann alles für die Katz gewesen.»

Ha! Endlich fragt das mal jemand, und ich kann von meinem Lieblingsdenkfehler erzählen. «Lass mich dir dazu eine Geschichte erzählen, mein Freund ...» Diesen Satz wollte ich schon immer mal sagen. Ich lehne mich zurück, falte die Hände und richte mein imaginäres Monokel. «In Berlin gibt es eine berühmte Dönerbude, ‹Mustafa's Gemüse Kebap›. Steht in jedem Reiseführer und ist extrem beliebt. Dort muss man, wenn man Pech hat, eine ganze Stunde warten, bis man bestellen kann. Vor ein paar Jahren war ich dort mit zwei Freunden. Wir hatten richtig Lust auf einen saftigen Döner und sahen schon von weitem die lange Warteschlange vor Mustafas Dönerbude. Wir beschlossen, uns dennoch anzustellen. So lange wird es schon nicht dauern, dachten wir. Tja, und dann verging Minute um Minute. Und es ging nur ganz langsam vorwärts. Besonders gefreut haben wir uns natürlich, wenn eine Person sieben Döner auf einmal bestellt hat ...»

Lara und Mark lachen.

«Wir hatten bereits knapp 50 Minuten in der Kälte gewartet, als wir endlich vorne standen und bestellen wollten. Und was passierte dann? Der blöde Fleischspieß war leer und musste durch einen neuen Spieß mit vollkommen rohem Fleisch ersetzt werden. Wir mussten also warten, bis das neue Fleisch fertig gebraten war. Damals habe ich noch ab und an Fleisch gegessen. Der nette Herr auf der anderen Seite des Tresens informierte uns, dass es ca. 30 Minuten dauern würde, bis der nächste Döner ausgegeben werden könne. Noch einmal 30 Minuten warten! Es war kalt, wir hatten Hunger und mittlerweile ziemlich schlechte Laune. Wir überlegten also, was wir für Möglichkeiten hatten. Bleiben und weiter warten oder einfach gegenüber Pommes und eine Currywurst holen. Was hättest du an unserer Stelle getan? Warten oder gehen?», frage ich Mark.

«Ich wäre einfach zur nächsten Bude gegangen und hätte dort einen Döner gegessen», verkündet er unaufgeregt.

«Das sagt sich so leicht. Wir hatten doch schon fast eine Stunde dort gewartet. Wir konnten doch nicht nach so langer Zeit einfach gehen. Dann wäre doch die bisherige Wartezeit für die Katz gewesen.»

«Ja, eben! Ihr habt schon viel zu lange gewartet. Abhaken und ab zur nächsten Bude.»

«Das klingt plausibel. Warum willst du dann weiter in diese Versicherung einzahlen?»

Mark schaut mich verdattert an und fragt: «Was hat denn dein Döner mit meiner Versicherung zu tun?»

«Es geht nicht um den Döner, sondern die ganze Warterei in der Schlange. Ich habe damals Zeit in die Warterei investiert, du investierst gerade Geld in die Versicherung.»

So langsam dämmert es ihm. «Ich stehe quasi gerade in der Schlange bei Mustafas Gemüsedöner, richtig?»

«Könnte man so sagen, ja. Wenn dein Vertrag wirklich unpassend ist und es besser gewesen wäre, diese Versicherung nie abzuschließen, gibt es nur eine Lösung: Weg damit. Ja, du versenkst ein paar, wahrscheinlich sogar recht viele Euro. Aber die sind so oder so weg. Die hast du bereits bezahlt. Damit musst du leben. Der Denkfehler, dem wir in solchen Situationen auf den Leim gehen – ich am Dönerstand, du bei der Rentenversicherung –, spielt mit den Sunk Costs, den versunkenen Kosten. Das sind die Kosten, die du bereits getragen hast. Diese Sunk Costs bekommst du in beiden Fällen nicht wieder: Nicht, wenn du die Versicherung behältst, und auch nicht, wenn du sie kündigst. Wenn du die Versicherung weiterlaufen lässt, zahlst du aber kontinuierlich mehr und mehr Geld für ein schlechtes Produkt. Was einfach keinen Sinn ergibt. Je länger du einzahlst, desto schwieriger wird es für dich, dem Denkfehler der Sunk Costs zu entkommen. Je länger ich in der Warteschlange stand, desto weniger habe ich daran gedacht, dass es besser wäre zu gehen. Mit jeder weiteren Minute dachte ich: ‹Jetzt stehe ich hier schon so lange. Ich kann doch jetzt nicht weggehen.› Natürlich hätte ich weggehen und meine Restwartezeit mit etwas Sinnvollerem verbringen können und müssen. Und du solltest etwas Sinnvolleres mit deinem Geld machen. Es ist ja nicht nur, dass du dort dein Geld schlecht anlegst. Sondern die Opportunitätskosten kommen ja ebenfalls noch obendrauf. Also das, was du mit deinem Geld alternativ machen könntest: besser anlegen, in den Urlaub fahren, in Weiterbildung investieren oder sonst was. Es wäre also doppelt schlecht, weiter in die Versicherung einzuzahlen.»

Mein Fazit aus dieser Erfahrung: Vergangene Kosten sollten nie die Rechtfertigung für ein zukünftiges Investment sein. Ein Produkt ist ein schlechter Deal für dich? Dann solltest du es so schnell wie möglich loswerden. Denn es ist nicht das, was du eigentlich möchtest, und nicht das, was dich zum Ziel bringt. Wenn du diesen Vertrag heute nicht noch einmal abschließen würdest, gibt es keinen rationalen Grund dafür, ihn weiterzuführen. Egal, wie viel Geld du bereits versenkt hast. Jetzt geht es darum, in Zukunft nichts mehr zu versenken.

Versunkene Kosten sollten nie die Rechtfertigung für laufende oder zukünftige Investments sein.

Ich wende mich wieder Lara zu. «Du hast doch nicht wirklich eine Stunde auf einen Döner gewartet, oder?», fragt sie ungläubig und fängt schon an zu lachen.

«Nee, nicht eine Stunde.»

«Puh, ich dachte schon ... So dämlich kann doch keiner sein», sagt sie erleichtert.

«Eine Stunde und 20 Minuten.»

Sie schaut mich mit großen Augen an, ich mache ein schmerzerfülltes Gesicht und nicke. Sie prustet los und fällt vor Lachen fast vom Stuhl. Das ist okay, das habe ich verdient.

Als sie sich wieder eingekriegt hat, fahre ich fort: «Was ich dir eigentlich vor der Dönerstory sagen wollte: Nach der Bestandsaufnahme folgt die Bewertung der einzelnen Posten. Wie das Mark nun hoffentlich mit seiner Rentenversicherung tun wird. Lohnt es sich, die eine oder andere Versicherung aufzulösen oder gar ein Häuschen loszuwerden? Das ist natürlich nicht immer leicht zu beurteilen. Wenn das zu komplex wird, kann man zum Beispiel eine Honorarberatung einbeziehen. Bei dir fällt mir auf den ersten Blick auf, dass du dein gesamtes Geld auf deinem Girokonto hast. Besser wäre es, dein Gespartes auf ein Tagesgeldkonto zu legen. Dort bringt es dir immerhin ein paar Zinsen ein. Und du solltest dir die Frage stellen, was in deiner Aufstellung fehlt. Du besitzt eigentlich keine Vermögenswerte, in die du aktuell dein gespartes Geld investieren könntest, damit es mehr wird. Damit meine ich Aktien, Immobilien oder andere Wertgegenstände. Wahrscheinlich sparst du deswegen auch nicht, sondern gibst dein Geld aus. Du wüsstest ja gar nicht, wohin mit dem Gesparten.»

«Tjoa, das könnte sein. So wie du nicht wusstest, was du mit deiner Zeit anfangen solltest, und deswegen 80 Minuten auf einen Döner gewartet hast.»

Autsch.

«Kennst du eigentlich eines meiner Lieblingszitate?» Rhetorische Frage. Ohne die Antwort abzuwarten, fahre ich fort: «Goethe hat gesagt: ‹Zwei Dinge sollen Kinder von ihren Eltern bekommen: Wurzeln und Flügel.› In unserem Kontext ist das Kind dein finanzielles Wohlbefinden, dem du ebenfalls Wurzeln und Flügel geben musst.»

«Okay, jetzt ist es so weit. Ich verstehe rein gar nichts von dem, was du da sagst. Und es sind nicht mal Fachwörter gefallen.» Lara lacht.

«Eins nach dem anderen. Wurzeln. Was machen die?», frage ich und deute auf den Kirschbaum, unter dem ich vorhin saß.

«Bäume ziehen durch ihre Wurzeln Nährstoffe aus dem

Boden. Und Wurzeln sorgen dafür, dass Bäume nicht umkippen. Ohne sie würde man keinen Halt haben», brainstormt Lara mit sich selber.

«Richtig, ohne sie würde man keinen Halt haben», wiederhole ich. «Weder Bäume noch Menschen. Du brauchst Wurzeln als Basis, als Sicherheit, als Quelle der Stärke. Das sind deine Vermögenswerte und deine Langzeitinvestments. Wurzeln wachsen langsam und ziemlich unsichtbar, aber sie versorgen den Baum mit Wasser und Nährstoffen. Sie sorgen in deinem Fall dafür, dass du aus Geld Geld machen kannst. Und wenn ein Sturm aufkommt, kippst du nicht um, sondern hältst stand. Deine Vermögenswerte und Langzeitinvestments helfen dir, wenn du krank wirst oder deinen Job verlierst. Deswegen ist es wichtig, diese Wurzeln langfristig und geduldig zu pflegen und nicht vor lauter Ungeduld aus der Erde zu reißen, wenn man schnell Geld braucht. Wurzeln sorgen dafür, dass ein Baum Früchte tragen kann. Wenn dir die Früchte nicht gefallen, liegt es an den Wurzeln. Wie bei deinen Finanzen auch.»

«Und die Flügel?»

«Flügel braucht man zum Träumen, zum Erkunden neuer Welten, zur Weiterentwicklung. Flügel ermöglichen es dir, Neues auszuprobieren und dein Leben zu genießen. Deine Flügel sind das Geld, das reinkommt. Mit diesem Geld nährst und pflegst du zum einen deine Wurzeln. Ein Teil deines Einkommens sollte immer in deine Langzeitinvestments fließen, um deine sichere Basis immer weiter zu stärken. Zum anderen nutzt du dein Einkommen zum Leben und um dich weiterzuentwickeln. Wie hoch und wie weit du fliegst, hängt sowohl von deinem Einkommen als auch von deinem Umgang mit Geld und deinen täglichen Geldentscheidungen ab. Wenn du viel verdienst und viel ausgibst, wirst du weder sonderlich hoch noch weit kommen. Die meisten Menschen konzentrieren sich nur auf ihre Flügel, also ihr Einkommen, weil es aufregender ist, mehr Geld zu verdienen als zu sparen und langfristig zu investieren. Sie verdienen gutes Geld, nutzen es aber nicht, um ihre Wurzeln zu pflegen. Sie konsumieren lieber. Das bereits erwähnte Hamsterrad lässt grüßen. Dann kommt der Sturm und sie werden weggerissen, weil sie ohne Wurzeln keinen Halt haben. Diese Situation ist dann so ziemlich das Gegenteil von finanzieller Sicherheit. Wurzeln und Flügel müssen stets zusammenspielen. Ohne Wurzeln wird das Geld direkt ausgegeben, und ohne Flügel kommt erst gar kein Geld rein. Zuerst müssen die Wurzeln stehen und es muss klar sein, was mit dem Geld geschehen soll, wenn es reinkommt», erläutere ich.

«Klingt ein bisschen kitschig, aber irgendwie auch plausibel. Und das Zusammenwirken zwischen Wurzeln und Flügeln sehe ich ja im Endeffekt am Nettovermögen. Wenn man viel verdient, aber ein negatives Nettovermögen hat, muss ja irgendetwas nicht stimmen. Dann hat man seine Wurzeln nicht gepflegt und lebt in finanzieller Hinsicht eher unsicher. Richtig?»

«Ganz genau.»

Deine Wurzeln und Flügel müssen zusammenspielen, damit du Vermögen aufbauen kannst.

«Wir haben ja bereits festgestellt, dass du bis dato eher wenig Geld in Vermögenswerte, also in deine Wurzeln, investiert hast. Was nicht schlimm ist. Aber es wäre doch spannend, zu wissen, wohin dein Geld so Tag für Tag und Monat für Monat verschwindet. Das Ziel beim Vermögensaufbau ist ja, das Vermögen wachsen zu lassen. Und wenn du mehr Geld verdienen, mehr Geld sparen und anlegen würdest, würde genau das passieren: Deine Vermögenswerte würden wachsen. Also sollten wir uns mal ansehen, wie viel Geld überhaupt monatlich reinkommt und wie viel Geld du wofür ausgibst.»

«Wie gut, dass wir noch ein paar Servietten haben», sagte Lara schmunzelnd.

Sie legt direkt los: «Okay, zuerst die Einnahmen. Das ist einfacher. Aber nehmen wir da den Brutto- oder den Nettobetrag?»

«Wir nehmen den Nettobetrag. Denn das ist ja der Betrag, der bei dir auf dem Konto landet und den du ausgeben kannst.»

«Okay, ich schau mal eben nach ...»

Lara öffnet ihre Banking-App. Sie muss nachschauen, weil sie den Betrag nicht parat hat. Das geht vielen Frauen so: Irgendwas kommt rein, irgendwas geht wieder raus. Kontrolle und Übersicht gibt es nicht. Für eine ordentliche Sortierung und Planung der Finanzen ist es natürlich unabdingbar, diese Zahlen zu kennen. Und zwar am besten auswendig, um sie auch bei größeren Entscheidungen immer gegenwärtig zu haben und die Frage beantworten zu können, ob man sich etwas leisten kann. Wobei ich hier einen ultimativen Tipp für dich habe. Wenn du dich fragst, ob du dir etwas leisten kannst, kannst du es dir nicht leisten. Warum? Weil du dir die Frage sonst nicht stellen würdest. Stell dir vor, du stehst im Supermarkt an der Kasse und blickst auf das Kaugummiregal. Fragst du dich dann, ob du dir die Packung Kaugummi für 90 Cent leisten kannst? Wahrscheinlich nicht. Du schmeißt sie einfach aufs Band und bezahlst sie bar. Wenn du den 5000 Euro teuren Fernseher oder die 120 Euro teuren Schuhe nicht einfach «aufs Band schmeißen» und bar (also ohne Kredit) bezahlen kannst, kannst du sie dir nicht leisten. In diesem Fall solltest du die Finger davon lassen. Denn Konsumschulden, also schlechte Schulden, wollen wir ja um jeden Preis vermeiden.

Wenn du dich fragst, ob du dir etwas leisten kannst, kannst du es dir nicht leisten.

Lara hat mittlerweile herausgefunden, wie viel sie verdient.

«1292,60 Euro», gibt sie zu Protokoll. «Mehr Einnahmen habe ich nicht. Außer hin und wieder Eisgeld von Mama und Papa.»

Japp, unsere Eltern geben uns immer noch «Eisgeld», das Lara wohlgemerkt zunächst immer vehement ablehnt. Was natürlich nichts nützt, weil meine Eltern sich jedes Mal durchsetzen. Aber Lara versucht immer wieder, dem geschenkten Geld zu entkommen. Ich hingegen freue mich jedes Mal wie ein kleines Kind und stecke es direkt ein. Für Eis natürlich ...

«Das Eisgeld können wir hier weglassen. Nun zum spaßigen Teil: deine Ausgaben. Die teilen wir auf in Fixkosten, also Kosten, die jeden Monat mit dem gleichen fixen Betrag anfallen, und variable Kosten, also Ausgaben, die jeden Monat variieren können. Fangen wir mit den Fixkosten an: Versicherungen, Miete, Strom, Handy, Sport, Zeitschriftenabos und so weiter. Und vergiss nicht die Kosten, die jährlich oder quartalsweise anfallen, wie zum Beispiel deine Kfz-Versicherung. Wenn du das hast, geht es an die variablen Kosten. Die sind leider etwas tückisch, weil wir uns hier gern zu unnötig hohen Ausgaben hinreißen lassen. Überlege dir, was du für Kleidung, Lebensmittel, Freizeitgestaltung, Reisen, Transport, Zigaretten, Auswärts-Essen, Bildung, Medizin / Hygiene / Kosmetika und so weiter ausgibst. Am besten machen wir mal eine Übersicht des letzten Monats.»

«Puh», seufzt Lara, «wie soll ich das denn alles herausbekommen?!»

«Die Fixkosten gehen ja bestimmt von deinem Girokonto ab, das kannst du also dort nachvollziehen. Alle Einkäufe, die du mit EC-Karte bezahlt hast, tauchen dort ebenfalls auf. Und alles andere kannst du versuchen zu rekonstruieren. Du siehst ja in deiner Banking-App, wann du wie viel Geld abgehoben hast. Und in diesem Zusammenhang kannst du vielleicht auch grob erinnern, wofür. Es kommt dabei auch nicht auf den Cent an. Es geht vielmehr darum, eine Idee zu bekommen, was deine größten Ausgabenposten sind und wo es vielleicht Sparpotenzial gibt. Und während du das machst, schaue ich mal, was Mama so treibt. Viel Spaß!»

Ich schiebe Serviette und Stift zu ihr rüber, klopfe ihr auf die Schulter und laufe Mama hinterher, die gerade wieder die Terrassentreppe Richtung Küche hinaufflitzt.

«Na, was treibt ihr beiden da unten?», möchte Mama wissen.

«Lara schreibt gerade auf, wofür sie ihr Geld monatlich ausgibt. Davor haben wir eine kleine Aufstellung ihrer Vermögenswerte gemacht. Wenn wir damit fertig sind, wird sie einen ganz guten Überblick über ihre aktuelle finanzielle Situation haben. Es ist spannend, zu sehen, was man eigentlich besitzt.»

«Ja, das finde ich auch. Ich habe früher immer ein Haushaltsbuch geführt, um zu wissen, wohin mein Geld verschwindet. Ich habe meine Finanzen komplett selbst gemacht. Aber irgendwie habe ich das Thema bei der Heirat an Papa übergeben. Ich weiß gar nicht, warum. Ich habe es einfach ganz automatisch getan. Und Papa fand es damals unnötig, zu sparen und ein Haushaltsbuch zu führen. Er fand Haushaltsbücher blöd. ‹Wozu willst du denn sparen?›, hat er immer gefragt. Ab da haben wir kein Haushaltsbuch mehr geführt, sondern einfach ausgegeben, was da war. Und was auch nicht da war ...»

Sie hält kurz inne, so als ob sie überlegt, ob sie weitererzählen möchte oder lieber nicht. Glücklicherweise entscheidet sie sich fürs Weitererzählen.

«Ein Jahr, das muss Mitte der Neunziger gewesen sein, haben wir sehr viel Geld für Urlaube, Kleidung für euch und neue Kinderzimmermöbel ausgegeben, ohne die Ausgaben zu planen oder zu kontrollieren. Wir haben uns sogar eine Sauna gekauft. Das Geld haben wir immer ganz selbstverständlich vom Sparkonto genommen, obwohl es ja eigentlich unser Erspartes war. Für schlechte Zeiten und natürlich auch für eure Ausbildung. Wir haben damals leider nicht hinterfragt, dass wir offensichtlich gar nicht genug Geld auf dem Girokonto hatten, sondern immer wieder an unser Erspartes mussten. Im Nachhinein sind wir irgendwann doch stutzig geworden. Papa hat dann eine Aufstellung des besagten Jahres gemacht und festgestellt, dass wir mehr, sogar sehr viel mehr Geld ausgegeben hatten, als Papa verdiente. Und das auch in den Jahren davor. Da ich mit euch zu Hause war und nicht gearbeitet habe, war Papas Gehalt alles, was an Geld reinkam. Unser Erspartes war quasi futsch, wir hatten es für Klamotten, Auto, Urlaub, Möbel und so weiter ausgegeben. Papa hat zu der Zeit sehr gut verdient. Er war im Betriebs- und Aufsichtsrat der Firma. Davon haben wir uns blenden lassen. Wir haben nur die hohen Einnahmen gesehen und den Status, der mit einem solchen Gehalt einhergeht. Auf die Ausgaben hat niemand geschaut. So schnell geht das dann.»

«Oha, und wie ging es dann weiter? Was habt ihr gemacht?», frage ich gespannt.

«Nach diesem Schock war Sparen angesagt. Keine teuren Lebensmittel mehr, günstigere Urlaube und ...», sie stockt kurz, «... wir haben sogar an euren Weihnachtsgeschenken gespart. Das tat mir richtig weh. Es war wirklich keine schöne Zeit. Mit ein bisschen mehr Weitsicht und meinem ‹blöden› Haushaltsbuch wäre das nicht passiert.»

Diese Geschichte kannte ich noch nicht. Ich kann mich dunkel daran erinnern, dass meine Eltern eine Zeitlang viel gestritten haben und sie Lara und mir damals tatsächlich ankündigten, dass Weihnachten dieses Jahr ein bisschen kleiner ausfiele. Wir fanden das in dem Moment natürlich nicht toll, aber auch nicht sonderlich schlimm. Wir hatten glücklicherweise immer alles, was wir brauchten. Aber aus der Perspektive meiner Mutter stelle ich mir eine solche Situation sehr schmerzhaft vor. Schuldgefühle, Selbstzweifel ... die Angst, eine schlechte Mutter zu sein. Und dann noch die Panik, nicht genug Geld für die Ausbildung der eigenen Kinder zu haben. Ich versuche, sie aufzubauen: «Ihr habt es ja wieder hinbekommen ...»

«Ja, und wir haben daraus gelernt. Wir haben dann tatsächlich wieder angefangen, ein Haushaltsbuch zu führen, und es hat uns sehr gutgetan. Es tat unseren Finanzen gut, aber auch unserer Beziehung. Wir hatten beide das Gefühl, wieder mehr Kontrolle über unser Geld zu haben. Zum ersten Mal überhaupt, wohlgemerkt nach über zehn Jahren, sprachen wir über unsere gemeinsamen Finanzen, setzten Prioritäten und entschieden gemeinsam, wie viel Geld wir wofür ausgeben wollten. In diesem Zusammenhang konnte ich auch zum ersten Mal mit Papa darüber reden, wie schwierig es für mich war, nicht zu arbeiten und kein Geld beisteuern zu können. Das war etwas, das mich lange sehr beschäftigt hat und sich natürlich auch auf die Stimmung zu Hause auswirkte. Papa war sehr verständnisvoll, und wir haben gemeinsam beschlossen, dass ich bald wieder arbeiten würde.»

«Dann hatte dieser kleine Schock ja sogar auch positive Folgen.»

«Das stimmt wohl. Aber ich hätte auch gut ohne den Schock auskommen können ... Schöner wäre es gewesen, solche Themen früher zu besprechen. Sich anfangs einmal hinzusetzen, individuelle sowie gemeinsame finanzielle Ziele festzulegen und zu entscheiden, wofür Geld ausgegeben werden soll und wofür weniger, beugt allerhand Streitigkeiten vor. Vor unserem klärenden Gespräch gab es bei uns einige Streitsituationen über Geld. Meist war es so, dass ich Geld für etwas ausgab, wofür Papa kein Verständnis hatte. Da war sicherlich auch der eine oder andere Frustkauf mit dabei. Vor allem, weil ich so unzufrieden damit war, nicht zu arbeiten. Ich denke, manche Käufe haben mir damals irgendeine Form von Bestätigung gegeben und meinem Selbstwertgefühl – zumindest kurz – gutgetan. Wenn ich schon mit dem Geldverdienen nichts zu tun hatte, dann doch wenigstens mit dem Geldausgeben. Das war mir damals natürlich überhaupt nicht bewusst, sondern lief komplett unterbewusst ab. Glücklicherweise war es nie so, dass ich ein Haushalts- oder Taschengeld von Papa bekommen habe. In meinem Freundeskreis gab es das allerdings schon ... Na ja, jedenfalls: Immer wenn Papa konkrete Ausgaben angesprochen und hinterfragt hat, habe ich mich angegriffen gefühlt und bin direkt an die Decke gegangen.»

«Warum war das so?»

«Weil ich selbst nicht arbeiten gegangen bin. Ich habe kein Geld verdient, ich hatte keine wirkliche Aufgabe außerhalb des Hauses, und damit hat auch die Wertschätzung gefehlt. Geld ist eben auch eine Form der Anerkennung von Leistung. Ich war ja zehn Jahre lang mit euch zu Hause. Es wird oft als selbstverständlich hingenommen, dass die Frau die Kinder versorgt, dass sie putzt, kocht, sich um Arzttermine, Kindergarten, Schule, Einkaufen, Hausaufgaben, Musikschule, Sport, Schachunterricht, Streitereien, Kindergeburtstage, Urlaubsplanung und so weiter kümmert. Anerkennung bekommt man dafür wenig. Und dann wird auch noch hinterfragt, wofür ich unser Geld ausgebe. Das hat mich damals einfach gekränkt. Ich meine, es war eine schöne Zeit mit euch Kindern zu Hause. Das war ja wirklich ein Privileg, dass ich euch aufwachsen sehen und so viel Zeit mit euch verbringen konnte. Aber es gab eben auch diesen Frust, nicht zu arbeiten. Hätte ich früher wieder damit angefangen, hätten wir mehr Geld zur Verfügung gehabt, es hätte weniger Druck auf Papa als alleinigem Ernährer gelastet und das gesamte finanzielle Risiko wäre ebenfalls geringer gewesen. Sowohl für uns als Familie für den Fall, dass der Alleinverdiener seine Arbeit verloren hätte, und natürlich auch für mich. In der Zeit war ich ja vollkommen abhängig von Papa. Hätte der es sich damals anders überlegt und wäre mit einer anderen Frau durchgebrannt ... ich wäre wirklich die Gelackmeierte gewesen.»

Das ist ihre persönliche jugendfreie Version von «Angearschte».

«Zum Glück ist das nicht passiert. Ich habe aber genug Bekannte, bei denen es genau so kam.»

«Warum hattest du dich denn entschieden, so lange auszusetzen?»

«Hmm, gute Frage. So richtig entschieden habe ich das nicht. Ich war nach deiner Geburt im Mutterschutz und fand es irgendwie verantwortungslos, dich so früh in eine Betreuung zu geben. Dann war recht schnell klar, dass wir noch ein zweites Kind wollten, und es fühlte sich so an, als würde es sich nicht lohnen, in der Zwischenzeit arbeiten zu gehen. Also bin ich ganz zu Hause geblieben. Und nach Laras Geburt ging es wieder von vorn los. Wir wollten euch beide nicht zu früh abgeben. Wir hatten wenig Vertrauen in Ganztagsbetreuungen und konnten es uns auch nicht leisten. Wir haben lieber eine Sauna gekauft ...» Jetzt muss sie sogar kurz schmunzeln.

«Und warum bist du zu Hause geblieben und nicht Papa? Hat er damals schon besser verdient als du?»

«Er hat ja in seiner Firma ganz unten angefangen und war zunächst Auszubildender. Viel mehr als ich hat er damals nicht verdient. Irgendwie stand es nie zur Diskussion, wer von uns beiden zu Hause bleibt. Es war klar, dass ich das sein würde. Vermutlich auch, weil wir Papa bessere Karrierechancen eingeräumt haben als mir. Damals war das einfach so. Obwohl ich dieses Phänomen heute auch wieder beobachte. Die

Tochter von Ute und Hans, Janine, hat ja auch vor kurzem ihr Kind bekommen. Sie und ihr Mann sind beide Juristen. Sie ist allerdings bei einer angeseheneren Kanzlei untergekommen als er. Und wer bleibt zu Hause bei dem Kind? Natürlich trotzdem sie! Das ist doch komisch, wo doch sie bessere oder zumindest gleiche Karrierechancen hat. Ich denke mir dann immer: ‹Mädels, bei uns war das irgendwie so damals. Aber heute habt ihr doch alle Möglichkeiten. Seid mal ein bisschen weniger devot und denkt mal zuerst an euch. Das ist doch vollkommen okay.›»

Das Thema bewegt sie offensichtlich noch immer. «Glaubst du, Frauen nehmen diese Rolle der häuslichen Vollzeitmutter zu selbstverständlich an?»

«Ja, natürlich! Und ich habe das Gefühl, dass dieses Rollenmuster gerade bei deiner Generation wieder verstärkt gelebt wird. Was ich aber auch sehe, und so war es bei manchen meiner Freundinnen damals auch, dass junge Frauen ein Kind als eine Art Ausrede nehmen, endlich den Job hinzuwerfen, in dem vielleicht nicht alles glattläuft. Ich denke, das könnte bei Utes Tochter Janine vielleicht auch der Fall gewesen sein. Ute hatte bei unseren Spieleabenden immer mal erwähnt, dass Janine das Gefühl hatte, nicht mehr weiter aufzusteigen. Außerdem gab es einen Konkurrenzkampf zwischen ihr und einer anderen Frau dort. Aber mal ehrlich, das wäre für einen Mann doch kein Grund, die Flinte komplett ins Korn zu werfen und zu Hause zu bleiben, oder?»

«Wahrscheinlich eher nicht, nein. Vielleicht geben wir Frauen da manchmal zu schnell auf.»

«Sicherlich, ja. Und das ist so schade. Wir machen uns oftmals kleiner, als wir sind, und stecken viel zu früh viel zu sehr zurück. Man kann sich die Kinderbetreuung doch aufteilen, oder man sucht sich eben eine wirklich gute, vertrauenswürdige Tagesmutter oder Nanny. So etwas gibt es doch heutzutage alles. Zudem glaube ich, dass viele Frauen sich den Wiedereinstieg viel einfacher vorstellen, als er ist. Wer raus ist, ist raus. So war das damals schon, und heute dürfte es doch aufgrund des internationalen Wettbewerbs noch extremer sein. Ich musste ja auch komplett umschulen. Von der Krankenschwester zur Rechtsanwaltsgehilfin. Die Tochter von meiner Freundin Birgit, Mareike, die kennst du auch von früher, hat jahrelang als Unternehmensberaterin gearbeitet. Dann hat sie zwei Kinder bekommen und ist sieben Jahre lang zu Hause geblieben. Ihr Mann nicht. Der ist abgehauen. Jetzt arbeitet sie als Sekretärin bei einer kleinen Druckerfirma und hofft jeden Monat, irgendwie über die Runden zu kommen. Eine Unternehmensberaterin ist jetzt Sekretärin! Das muss man sich mal vorstellen. Sie ist natürlich völlig überqualifiziert und todunglücklich in diesem Beruf. Und was sie an Rente bekommt, darf man besser gar nicht ausrechnen ... Da muss man natürlich an Politik und Unternehmen appellieren, aber das bringt Mareike in ihrer aktuellen Situation nichts. Da muss schon jede für sich selbst sorgen und sich vorher überlegen, welche Weichen man für das eigene Leben stellt. Wenn ich heute junge Mutter wäre, würde ich mir jedenfalls sehr genau überlegen, ob und wie lange ich zu Hause bleibe, und so bald wie möglich wieder in meinen Beruf zurückkehren. Und ob Teilzeit wirklich die beste Möglichkeit ist.» Meine Mutter atmet jetzt tief durch, und ich nicke.

«Bin fertig, kannst kommen», tönt es von draußen.

Mama drückt mir ein Tablett mit Gläsern und Salatschälchen in die Hände und schiebt mich in Richtung Terrasse. Ich balanciere die zerbrechliche Ware die Treppen hinunter zum Gartentisch, wo Lara mir stolz ihre Einnahmen-Ausgaben-Serviette präsentiert.

«Schau mal, ich konnte fast alles rekonstruieren», sagt sie und deutet auf die Tabelle.

«Super! Und? Irgendwelche Überraschungen dabei?»

«Indirekt, ja. Ich wusste ja schon, dass ich recht viel Geld für Kleidung und Kosmetika ausgebe, hätte den Betrag aber geringer eingeschätzt. Und für Zigaretten und Auto gebe ich auch mehr Geld aus als gedacht. Viel mehr sogar. Schau mal: Im letzten Monat habe ich für Kleidung 180 Euro ausgegeben, für Kosmetika 35 Euro, für Zigaretten 50 Euro und für Benzin 120 Euro. Außerdem haben wir ganz schön oft auswärts gegessen: für 105 Euro insgesamt. Bei den Fixkosten schlägt natürlich der Autokredit zu Buche. Aber mir war auch gar nicht bewusst, dass ich monatlich fast 35 Euro für meinen Handyvertrag und 40 Euro für den Internetanschluss bezahle. Diese Verträge sind einfach schon so alt. Ich habe direkt nachgeschaut und herausgefunden, dass es Verträge für 20 Euro mit mehr Leistung gibt. Die 105 Euro beim Essengehen finde ich gar nicht schlimm. Ich liebe gutes Essen, und das ist es mir definitiv wert. Insgesamt gebe ich monatlich ca. 1100 Euro aus. Bei Einnahmen von 1292,60 Euro.»

Sie ist gerade voll dabei. Diese Zahlen schwarz auf weiß zu sehen, hat bei ihr einen kreativen Prozess in Bewegung gesetzt. Sie reflektiert ganz automatisch, ob sie für manche Dinge ihrer Meinung nach zu viel Geld ausgibt oder eben nicht. Die Auflistung zeigt ebenfalls, dass Lara quasi ihr gesamtes Geld ausgibt. Ihre Ausgaben sind fast genauso hoch wie ihre

Einnahmen, was in Sachen Vermögensaufbau eher ungünstig ist, da sie aktuell kein Geld spart, das sie im nächsten Schritt in Vermögenswerte – also ihre Wurzeln – investieren könnte. Das ist ihr natürlich auch schon aufgefallen.

«Interessant finde ich, dass ich meine Ausgaben tatsächlich meinen Einnahmen angepasst habe. Vor 18 Monaten habe ich noch studiert, in einer kleinen Wohnung gewohnt und bin ein kleineres Auto gefahren. Aber irgendwie will man sich ja auch endlich mal etwas gönnen, nach so vielen Jahren als arme Studentin», sagt sie.

«Ja, absolut», stimme ich ihr zu. «Das war bei mir damals ähnlich. Als ich mein erstes Geld verdient habe, habe ich mir erst einmal teurere Klamotten gekauft. Ich kann mich noch genau daran erinnern: Ich habe mir eine Sonnenbrille für 180 Euro und eine Uhr für 220 Euro zugelegt. Und so ging es dann weiter. Das ist das sogenannte First Job Syndrome. Man verdient endlich Geld und will sich etwas gönnen. Plötzlich gibt man Unmengen an Geld für Dinge aus, ohne die man vorher sehr gut auskam. Und dann noch diese emotionalen Impulskäufe ...»

«Oh ja, die kenne ich auch! Wenn ich nicht gut drauf bin, traurig oder wütend oder so, kaufe ich mir gerne etwas und fühle mich danach auch wirklich besser.»

«Fühlst du dich wirklich nachhaltig besser oder nur kurz während des Rausches?»

«Das ist eine gemeine Frage!» Lara zieht die Stirn in Falten und erzählt: «Diese Tasche hier zum Beispiel. Die habe ich mir nach einem wirklich stressigen Tag auf der Arbeit gekauft. Sie hat quasi meinen Tag gerettet. Das war vor ungefähr sechs Wochen. Wenn ich so drüber nachdenke ... Heute trage ich sie zum ersten Mal. Ehrlicherweise aber eher aus schlechtem Gewissen, sie bis heute nicht einmal angerührt zu haben. Sie hat 90 Euro gekostet ...»

«Du hast dir also eine Frusttasche für 90 Euro gekauft. Sie hat dich kurz glücklicher gemacht, und dann ist sie im Schrank verschwunden und macht dir seitdem ein schlechtes Gewissen. Seit sechs Wochen wohlgemerkt. Also bist du letztendlich unglücklicher als vorher, oder? Du hast 90 Euro weniger und fühlst dich schlecht.»

«Dass du so was immer so hart auf den Punkt bringen musst ...! Aber eigentlich ist das auch okay, oder nicht?»

«Klar. Was okay ist und was nicht, definiert ja jede für sich selbst. Die Frage ist immer, was das Ziel bei der ganzen Sache ist. Wenn ich so viel Vermögen wie möglich aufbauen möchte, sind teure Taschen als Frustkauf sicherlich nicht der Weg dorthin. Nüchtern betrachtet gibst du monatlich aktuell nur knapp 166 Euro weniger aus, als du verdienst. Und du warst nicht mal im Urlaub, hast weder Geschenke gekauft noch Geld für Medikamente ausgegeben. Das ist schon recht knapp bemessen bei dir.»

«Das stimmt natürlich. Und ein Vermögen aufzubauen, hast du mir ja bereits sehr schmackhaft gemacht.» Lara lehnt sich lachend zurück.

Emotionskäufe, auch «Therapeutic Shopping» genannt, lassen uns sehr kurz ein Glücksgefühl erleben. Sobald dieser Effekt nach kurzer Zeit nachlässt, überwiegt meist das schlechte Gewissen, was uns wiederum unglücklicher macht als zuvor.

«Wahrscheinlich muss ich einfach eine gute Balance zwischen Sparen und Ausgeben finden. Ein neuer Handyvertrag ist ja schon mal ein Anfang.»

«Ja, absolut. Die Fixkosten sind ein super Ansatzpunkt zum Sparen. Denn diese Kosten gehen ja jeden Monat ab. Wenn du dort einmal Zeit investierst, um auf günstigere Verträge zu wechseln und das ein oder andere Abo ganz zu kündigen, sparst du jeden Monat aufs Neue bares Geld. Und bei den variablen Kosten mache ich es so: Ich lege für jeden Posten ein Budget fest und versuche, mich so gut es geht daran zu halten. Mein monatliches Budget für den Posten ‹Auswärts essen› beträgt beispielsweise 80 Euro, das für Freizeitausgaben 50 Euro. Um zu wissen, wie nah ich schon an meinem Limit bin, führe ich ein Haushaltsbuch. Dafür gibt es mittlerweile auch einige Apps. Dort kann man jede Ausgabe direkt eintragen und hat so immer den genauen Stand. Das ist nicht sonderlich spannend, aber hilft mir sehr, meine Ausgaben im Blick zu haben. Du musst das auch gar nicht für immer machen, drei Monate reichen für den Anfang, um ein Gefühl zu bekommen und dir die Ausgaben vor Augen zu führen.»

«Das klingt in der Tat ein bisschen langweilig und spießig. Aber hey, was habe ich schon zu verlieren? Kein Vermögen hab ich schon.» Und wieder lacht Lara.

Prüfe bestehende Verträge und Abos und setze dir Limits bei den variablen Kosten. Bei der Kontrolle hilft dir ein Haushaltsbuch.

«Wir wissen jetzt also, dass du ein bisschen Gespartes hast, noch relativ wenig Vermögenswerte besitzt und dein Gehalt fleißig wieder ausgibst. Das ist ja schon mal eine ganze Menge an Erkenntnissen. Damit dürftest du in deinem Bekanntenkreis und darüber hinaus quasi alleine sein. Doch jetzt wird es erst so richtig spannend: Wir ergründen das ‹Warum›.»

«Das ‹Warum›? Das kenne ich doch schon. Der Grund, warum ich kein Vermögen habe, ist, dass ich mein Geld immer direkt ausgebe.»

«Ja, genau, Schwesterherz. Aber warum machst du das? Warum bleibt das Geld nicht in deinem Besitz? Und warum kannst du das Eisgeld von Mama und Papa nie annehmen?»

«Das Eisgeld? Ich dachte, das spielt keine Rolle.»

«In deinem Geldverhalten schon. Schau mal, wir alle haben bestimmte Glaubenssätze in Bezug auf Geld. Glaubenssätze sind Sätze, die wir in unserer Kindheit aufgeschnappt haben und als wahr erachten. Diese Glaubenssätze beeinflussen unterbewusst unseren Umgang mit Geld. In meinem Online-Kurs analysiert jede Teilnehmerin ihre Geld-Glaubenssätze. Eine Teilnehmerin, so berichtete sie mir von ihrem Aha-Moment, glaubte beispielsweise Folgendes: ‹Wenn ich Geld ausgebe, belohne ich mich damit.› Für sie war es also jedes Mal eine Belohnung, Geld auszugeben. Wie soll sie mit diesem Glaubenssatz jemals in der Lage sein, zu sparen? Das wäre ja in ihrer Glaubenswelt eine Bestrafung. Verstehst du, was ich meine?»

«Ja, schon. Und das klingt megaspannend! Aber woher weiß ich, welche Glaubenssätze ich habe? Und was mache ich denn mit denen?»

«Dafür gibt es eine bestimmte Methode[4]. In meinem

Online-Kurs machen wir diese Übung auch. Es gibt sehr viele negative Glaubenssätze über Geld. Ich schreibe einfach mal ein paar davon hier auf diese Serviette. Lies sie, und dann sagst du mir, ob du dich darin wiederfindest.»

1. Reichtum ist ungerecht. So viele Menschen leiden Hunger.
2. Geld ist zum Ausgeben da.
3. Geld macht nicht glücklich.
4. Reichtum macht einsam.
5. Reichtum schafft nur Neid.

«Und? Spricht dich einer davon an?»

Lara schaut gespannt auf die Serviette. Nach einer kurzen Pause sagt sie: «Eins und drei. Ich finde Reichtum ungerecht und glaube auch, dass Geld nicht glücklich macht.»

«Alles klar. Nehmen wir uns mal den ersten vor. ‹Reichtum ist ungerecht. So viele Menschen leiden Hunger.› Warum glaubst du das?»

«Weil ein paar wenige Menschen reich sind, während andere Hunger leiden. Das ist ja so.»

«Okay. Und du glaubst, dass es da einen Zusammenhang gibt?»

«Ja, klar.»

«Ist das wirklich so? Kannst du dir zu 100 Prozent sicher sein, dass dies so ist?»

«Na, zu 100 Prozent vielleicht nicht. Aber ich denke schon, dass es so ist, ja.»

«Gut. Und, wenn du jetzt an deinen Vermögensaufbau denkst: Hilft dir dieser Glaubenssatz dabei, dein Ziel zu erreichen, oder könnte er eher hinderlich sein?»

«Wahrscheinlich dürfte er eher hinderlich sein, weil ich durch ihn Reichtum als etwas Negatives sehe.»

«Ja, das klingt plausibel», bestärke ich sie. «Und wer wärst du ohne diesen Glaubenssatz? Was würde sich ändern, wenn du ihn nicht hättest?»

«Hmm, schwierig. Vermutlich könnte ich ohne schlechtes Gewissen Geld verdienen und bei mir behalten?»

«Vermutlich, ja. Kehre den Satz doch mal um. Also formuliere ihn so um, dass er positiv ist.»

Lara überlegt kurz und sagt dann: «Reichtum ist nicht ungerecht, Reichtum kann helfen, den Hunger zu bekämpfen.»

«Super! Oder man könnte auch sagen: ‹Mit Geld oder Reichtum kann man Gutes tun.› Könnte dieser Glaubenssatz wahr sein?»

«Hmmm ...» Lara überlegt eine Weile. «Wahrscheinlich schon. Einige reiche Menschen haben ja eigene Hilfsorganisationen und spenden einen Teil ihres Vermögens.»

«Das stimmt. Wie fühlst du dich denn mit diesem Glaubenssatz? Anders als mit dem vorherigen?»

«Irgendwie freier. Es stimmt schon: Mit Geld kann man Gutes tun. Den hungerleidenden Menschen auf der Welt ist ja nicht geholfen, wenn ich arm bin. Jetzt, wo ich so darüber nachdenke, sollte ich eher zusehen, dass ich viel Geld verdiene, damit ich einen Teil spenden kann. Damit wäre allen mehr geholfen.»

«Wow, das ist doch eine tolle Erkenntnis.»

«Und tat gar nicht weh. Also her mit dem Eisgeld!», ergänzt Lara lachend. «Funktioniert das denn mit jedem Glaubenssatz?», möchte sie wissen.

«Ja, mit jedem Glaubenssatz in jedem Lebensbereich. Jeder negative Glaubenssatz kann in einen positiven verwandelt werden. Man muss sich darüber bewusst werden, dass man diesen Glaubenssatz hat. Dann hinterfragt man, ob er wirklich immer zu 100 Prozent stimmt und ob er einen im Leben weiterbringt. Dann dreht man ihn einfach mal um und sucht sich Beweise dafür, dass dieser Glaubenssatz wahr ist. Das hast du eben ganz automatisch gemacht, als du erkannt hast, dass viele reiche Menschen ihr Geld spenden und damit Gutes tun. Meist passt der positive Glaubenssatz viel besser zu einem als der negative. Letztendlich ist eine positive Einstellung zum Geld nun einmal sehr förderlich, wenn nicht sogar unabdingbar, wenn man möchte, dass Geld bei einem bleibt. Stell dir mal vor, du würdest Mark immer wieder wegstoßen und ihm negative Signale geben. Er würde doch auch irgendwann die Biege machen und nicht wiederkommen. So kann man sich das mit Geld auch vorstellen. Geld geht dahin, wo es willkommen ist und gut behandelt wird. Genau wie Menschen.»

«Ist ja verrückt», staunt Lara. «Das meintest du also vorhin, als du vom seelischen Status quo sprachst.»

«Ganz genau, ja. Diese Bestandsaufnahme überspringen viele, dabei ist sie so essenziell. Wenn dich etwas unterbewusst blockiert, kann dein Bewusstsein deine Handlungen gar nicht ändern. Und dann fragen wir uns, warum wir uns nicht ändern können, obwohl wir doch so gerne wollen. Manche verzweifeln daran. Du jetzt hoffentlich nicht mehr. Und wir haben es ganz ohne Räucherstäbchen hinbekommen», sage ich schmunzelnd.

Negative Glaubenssätze beeinflussen unser Geldverhalten ganz entscheidend. Versuche, dich von diesen hinderlichen Glaubenssätzen zu lösen und sie durch positive Glaubenssätze zu ersetzen.

«Räucherstäbchen?», fragt Mama verdutzt.

Sie hatte auf ihrem Weg von der Terrasse zum Grill wohl nur dieses eine Wort aufgeschnappt. «Wofür braucht ihr denn Räucherstäbchen? Ohnehin wäre es jetzt erst mal besser, wenn wir Besteck hätten.»

Da haben wir vor lauter Finanzplanung doch glatt unsere hausfraulichen Pflichten vergessen. Lara faltet die Serviette, auf der sie ihren neuen, positiven Glaubenssatz aufgeschrieben hat, und steckt sie in ihre Hosentasche, während wir die Terrassenstufen erklimmen, um Besteck und das letzte Geschirr aus der Küche zu holen. «Erzähl doch schon mal weiter», fordert sie mich auf dem Rückweg in den Garten auf.

«Dich hat's aber gepackt, oder?»

«Na, wenn man einmal drin ist, will man doch immer mehr wissen. Das fühlt sich irgendwie magisch an. So, als hätte ich auf einmal Zugang zu einer geheimen Fähigkeit oder so. Das hätte ich ja ehrlicherweise vorher nicht gedacht! Aber bilde dir mal nichts drauf ein!» Lara schnippt mir mit dem Zeigefinger hinters Ohr. Zu ihrem Glück habe ich beide Hände voll mit Tellern und kann mich nicht wehren.

«Was möchtest du denn als Nächstes wissen?»

«Na, was ich jetzt tun soll. Ich kenne mein Nettovermögen, möchte das nach oben schrauben, kenne meine Einnahmen und Ausgaben und weiß, dass ich weniger ausgeben sollte.

Und ich habe einen negativen Glaubenssatz in einen positiven umgedreht. Das scheint die Grundlage für alles Weitere zu sein. Wie komme ich denn jetzt zu unendlichem Reichtum?» Lara grinst mich breit an.

«Ist denn unendlicher Reichtum überhaupt dein Ziel?»

Sie denkt einen Moment darüber nach, während ich Besteck, Gläser und Teller auf dem Gartentisch verteile. «Hmm, nee, ich glaube nicht. Weiß nicht. Darüber habe ich mir noch gar keine Gedanken gemacht,» erklärt Lara und stellt Soßen und Salate in die Tischmitte.

«Dann wäre das wohl der nächste Schritt: dein Ziel zu definieren.»

Lara nickt, und ich nehme mir mein ganz eigenes Ziel vor: Beim nächsten Grillabend will ich mindestens Schwäne aus Servietten falten können.

Deine Challenge:

Du kannst dir sicherlich schon denken, wie deine zweite Challenge aussieht. Richtig: eine Analyse deines Status quo. Schreibe auf, was du an Vermögenswerten besitzt und welche Schulden du hast. Außerdem könntest du darüber nachdenken, wie viele Verbindlichkeiten, also Dinge, die dich ständig Geld kosten, du besitzt und wie du sie loswerden könntest. Dieser Prozess kann ein wenig überwältigend erscheinen. Mache daher eins nach dem anderen: Gehe erst deine Konten durch, dann deine Versicherungen und dann den Rest.

Überlege danach, was du mit eventuellen Altlasten anstellen kannst. Vielleicht entdeckst du noch ein altes Aktiendepot, das dir deine Eltern geschenkt haben? Versuche es ganz nüchtern zu bewerten. Auf was es dabei zu achten gilt, schauen wir uns später noch an. Wie steht es um deine Wurzeln und Flügel? Ist dein Nettovermögen positiv oder negativ? Falls es negativ ist: keine Panik! Wir werden im Laufe des Buches gemeinsam ergründen, wie du deine Vermögensseite langfristig aufbauen kannst.

Danach geht es an deine Einnahmen und Ausgaben. Wie viel Geld nimmst du monatlich ein und wie viel gibst du aus? Was bleibt übrig? Zu guter Letzt geht es an deine Glaubenssätze. Was denkst du wirklich über Geld? Welche negativen Glaubenssätze trägst du mit dir herum? Wenn du die Glaubenssätze entlarvt hast, brauchst du sie nur noch umdrehen, in einen positiven Satz umformulieren und Beweise für ihre Richtigkeit finden.

MEINE FINANZIELLE TRANSFORMATION: JANA, 38, SELBSTÄNDIG

Liebe Jana, bitte beschreib mal deine Ausgangssituation und wie dein finanzieller Status quo jetzt ist.

Früher dachte ich, ich bräuchte einen sicheren Job in einem großen Unternehmen und müsste dort richtig Karriere machen. Heute starte ich mein eigenes kleines Social Business als Solopreneur und fühle mich frei und sinnstiftend.

Welche Glaubenssätze haben dich früher geleitet?

Ich war schon immer sehr darauf bedacht, mein Geld zusammenzuhalten: Ich hatte in meinem näheren Umfeld gesehen, was passiert, wenn Menschen sich nicht um ihre Finanzen kümmern, sorglos Beratern folgen und die Dinge nicht überblicken. Das wollte ich für mich nicht. Im Studium hatte ich ein Stipendium und habe nebenher gearbeitet; danach habe ich mich aus einem inneren Zwang und Existenzangst heraus ziemlich schnell auf die Karriereschiene begeben – die nächsten zehn Jahre waren schon voll durchgeplant. Aus heutiger Sicht flog ich damals völlig auf Autopilot: Ich merkte die ganze Zeit, dass ich da Dinge tat, die nicht zu 100 Prozent ich selbst waren und nicht zu meinem Weg gehörten. Aber ich verstand es nicht. Ich erinnere mich noch, dass einer meiner Glaubenssätze war, nur dann reisen zu können, wenn ich viel Geld habe. Umso mehr beneidete ich andere Menschen, die sorglos wegfuhren. Ich war von Neid und Ehrgeiz zerfressen.

Wann und warum hast du dann die Entscheidung getroffen, etwas zu ändern, deine Finanzen selbst in die Hand zu nehmen und dich mehr damit zu beschäftigen? Gab es da einen Auslöser?

Es war eher eine Verkettung von Impulsen. Wie gesagt: Der Auslöser für meinen Ehrgeiz und den Willen, mein Leben in die Hand zu nehmen, waren negative Erfahrungen in der Vergangenheit. Mein Verhalten war zu diesem Zeitpunkt aber mehr von Angst geprägt als von Mut. Das Erwachen brachte dann der überraschende Tod meines Vaters. Das war eine sehr harte Zeit für mich – aber ich habe unglaublich viel über mich und das Leben gelernt. Ich verstand, dass unsere irdische Existenz endlich ist und wir Entscheidungen treffen sollten, die Mut erfordern: Denn nur mit Mut können wir über uns selbst hinauswachsen und unser Leben so führen, dass es uns erfüllt.

Den Schritt ins Unternehmertum wagte ich dann, als ich meinen Mann kennenlernte. Als ich durch Europa trampte, verliebte ich mich in ihn und blieb in Bulgarien. Mein Mann hat mir gezeigt, dass auch die verrücktesten Ideen zum Erfolg führen können – wenn man hart dafür arbeitet. Außerdem beschäftigte ich mich mehr und mehr mit einer ökologischen und naturnahen Lebensweise, Persönlichkeitsentwicklung und finanzieller Verantwortung.

Wie bist du bei deiner finanziellen Transformation vorgegangen? Hast du dir neue Verhaltensmuster angewöhnt oder bestimmte Regeln für den Umgang mit Geld? Und hattest du ein konkretes Ziel?

Ich habe meine Abschlussarbeit im Studium über das Thema «Kann man Glück kaufen?» geschrieben und mich dafür ausgiebig mit Finanzen und Glücksempfinden auseinandergesetzt. Ich habe viele Bücher und Artikel gelesen und für mich psychologische Fallen in unserer Gesellschaft ausgemacht – wie zum Beispiel das altbekannte Hamsterrad.

Meine Regel ist vor allen Dingen: «Stelle dich dir selbst und sei ehrlich mit dir.» Sehr oft tricksen wir uns selbst aus, laufen vor unserer eigenen dunklen Seite weg oder rechtfertigen unser Verhalten vor uns selbst, obwohl wir wissen, dass es dafür andere Gründe gibt. Ich versuche immer, so ehrlich wie möglich mit mir zu sein und mein Verhalten zu reflektieren. Auch bei unangenehmen Themen möchte ich mich meinem Selbst stellen. Denn Wachstum findet meistens nur dann statt, wenn wir dahin gehen, wo es richtig weh tut ...

Was sind die größten Herausforderungen für dich? Und wie motivierst du dich in harten Phasen neu?

Meine größten Herausforderungen, aber gleichzeitig auch Errungenschaften im Unternehmertum und im Leben sind

Fragen. Die Welt ist so ein komplexer Ort, und die Erkenntnis, dass es kein Weiß oder Schwarz, kein Richtig und Falsch gibt, macht das Leben nicht gerade einfacher. Ich zerbreche mir den Kopf, ob etwas (für mich) richtig ist oder nicht. Wer möchte ich sein? Wie ist meine Position? Manchmal verfalle ich dann in eine Angststarre, und dann geht gar nichts mehr. Dann weiß ich: Jetzt ist Schluss. Dann mache ich nichts. Sitze im Garten oder gehe in die Natur, genieße die Sonne. Oder gucke mir eine Serie an. Den Kopf abschalten hilft ungemein. Letztens habe ich den Film «Forrest Gump» geguckt und dachte mir: Mensch, der hat's raus mit dem «Einfach machen»!

Was sind deine wichtigsten Erkenntnisse aus dieser Erfahrung?

Ängste kommen und gehen immer wieder. Dieses ungute Gefühl im Magen, wenn wir die Komfortzone verlassen, ist völlig normal. Ich habe gelernt, es zu akzeptieren und auch mal einen Gang runterzuschalten und dann einfach weiterzumachen. Diese Angst, die mich überkommt, hat mit dem Unbekannten und Erfahrungen aus der Vergangenheit zu tun, sagt aber rein gar nichts über die Zukunft aus. Ich erinnere mich dann immer wieder selbst daran, warum ich das mache: Ich habe mein Unternehmen ja nicht aus Langeweile gegründet, sondern um Menschen einen Mehrwert zu bieten. Und das kann ich eben nur, wenn ich meine Angst überwinde.

Oft ist es ja so, dass sich Änderungen in einem Lebensbereich auf andere übertragen. War das bei dir auch so? Welche Auswirkungen hatte dein finanzieller Wandel?

Es fing schon vor einigen Jahren an – aber während des letzten Jahres habe ich stark meine Selbstwirksamkeit entdeckt. Früher war ich sehr aktiv in verschiedenen Vereinen in der Uni, aber habe das gar nicht so bemerkt. Jetzt ist es mir ganz bewusst: Ich habe Potenzial, ich kann lernen, ich kann etwas verändern. Wenn ich es will. Das ist ein wunderbares Gefühl.

Wie siehst du deine finanzielle Situation in zehn Jahren, was sind deine Ziele?

Es gibt drei Bereiche, die für mich wichtig sind, in die ich in Zukunft Geld investieren möchte, die mich antreiben und am Ende alle zusammenhängen: Gesundheit, Bildung und Gemeinschaft. Ich möchte mich gerne im Gesundheitsbereich weiterbilden und werde Geld in Weiterbildungen investieren. Mit diesem Wissen will ich zur Gesundheitsversorgung beitragen und es auch mit anderen teilen. Die Gemeinschaft möchte ich durch Aktionen und dann auch durch finanzielle Mittel unterstützen. Und natürlich wünsche ich mir auch, dass ich meiner Familie ein gutes Leben bieten kann.

Welche Tipps hast du noch für Frauen, die auch etwas ändern wollen?

Mach dir bewusst, dass du mit dem, was du tust, Einfluss hast: nicht nur auf dein Wohlbefinden, sondern auch auf deine Zukunft und vor allen Dingen auf deine Umwelt. *Du* hast die Verantwortung, dein Leben so zu gestalten, wie du es für richtig hältst. Das ist auf den ersten Blick angsteinflößend. Aber wenn du deine Angst überwindest, wirst du das wunderbare Gefühl erleben, einen Unterschied zu machen und am Leben zu sein. Agieren, nicht reagieren!

*Wer nicht weiß, wohin er will,
der darf sich nicht wundern, wenn
er ganz woanders ankommt.*

Mark Twain

GRILLEN UND HUMANKAPITAL

Wie wenig Rente du bekommen wirst – Warum Geld glücklich machen kann – Warum Frauen weniger verdienen – Weshalb du vor allem in dich selbst investieren solltest, du konkrete finanzielle Ziele brauchst und was das alles mit türkischen Wasserterrassen zu tun hat

Nachdem Mama, Lara und ich unsere Pflicht des Tischdeckens vorbildlich erfüllt haben, setzen wir uns und warten auf ein Zeichen der Grillmeister.

«Und?», fragt Mama Lara, «was ist bei deiner Finanzanalyse herausgekommen?»

«Hauptsächlich, dass ich bald mal das Haus erben müsste», sagt Lara und lacht.

«Darauf wirst du noch ein paar Jahre warten müssen, mein Kind», erwidert Mama und tätschelt dabei Laras Hand.

«War ja nur ein Spaß ... Wir haben festgestellt, dass ich anfangen sollte, Vermögenswerte aufzubauen. Und dabei ist mir aufgefallen, dass ich gar nicht richtig weiß, wie viel und wofür eigentlich. Ich habe noch kein konkretes Ziel im Kopf.»

«Ich kann dir sagen, was dein erstes Ziel ist, Schwesterherz», sage ich mit etwas mahnender Stimme. Lara schaut mich erwartungsvoll an. Ich habe mal wieder Lust, etwas zu malen, greife nach Serviette und Stift und beginne, ein kleines Schaubild zu kritzeln.

«Was soll das sein? Eine Treppe?», fragt Lara skeptisch.

Sie weiß, wie es um meine Malkünste bestellt ist. «Fast. Es sind Wasserterrassen.»

«Oh, solche haben wir mal in der Türkei gesehen. Oben fließt Wasser in die erste Terrasse. Wenn die voll ist, fließt es weiter in die nächste Stufe und so weiter. Die sind total schön», erzählt Mama.

«Und schön ist auch», ergänze ich, «wenn das Geld ebenfalls so fließt.»

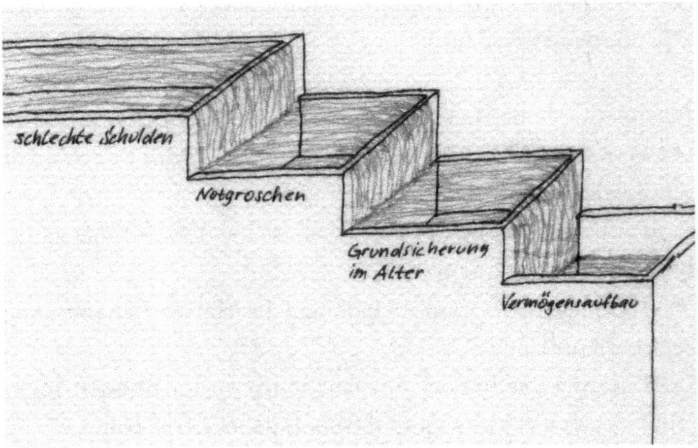

«Schaut mal. Angenommen, unser Geldfluss startet hier oben und bahnt sich seinen Weg über die verschiedenen Terrassen. Wenn eine Terrasse voll ist, läuft das Geld weiter in die nächste und so weiter. Hier oben kommt regelmäßig Geld rein: Gehalt, Einkünfte aus selbständiger Arbeit oder sonstigen Einkommensquellen. Dieses Geld teilen wir nun auf: Zuerst fließt ein fixer Anteil in die Tilgung der schlechten Schulden und in den Notgroschen. Schulden kosten Geld und belasten uns auch psychisch. Sie sind Verbindlichkeiten, und die wollen wir nicht haben. Dann kommt der Notgroschen an die Reihe.»

«Notgroschen? Was ist das?», fragt Lara, «das klingt irgendwie nach Nachkriegszeit.»

«Wie der Name schon sagt, das ist Geld für den Notfall. Es handelt sich um einen Geldbetrag, der auf deinem Tagesgeldkonto liegt und dich für einen Notfall absichert. Als Notfall gelten allerdings weder eine neue Frusthandtasche noch ein spontaner Erholungsurlaub. Es geht um echte Notfälle: Dein Auto geht kaputt, du verlierst den Job oder wirst für lange Zeit richtig krank. Dein Notgroschen sorgt dafür, dass du in einer solchen Notsituation nicht an deine Wurzeln, also deine Langzeitinvestments musst und nicht in eine finanzielle Notlage gerätst.»

«Aha, verstehe. Und wie groß sollte der Notgroschen so sein?»

«Das hängt ein wenig von deinem Sicherheitsbedürfnis ab. Aber drei Monatsgehälter sollten es schon sein. Also so viel, dass du und alle von dir abhängigen Personen im Notfall drei Monate lang überleben können. Drei Monate sollten reichen, um beispielsweise einen neuen Job zu finden.»

Dein Notgroschen sollte mindestens so viel Geld umfassen, dass alle von dir abhängigen Personen im Notfall drei Monate lang überleben können. Dein Notgroschen gehört auf dein Tagesgeldkonto (mit der Betonung auf «dein»).

«Sollte ich erst den Kredit abbezahlen oder erst meinen Notgroschen anlegen?», fragt Lara berechtigterweise.

«Hier gibt es zwei Möglichkeiten: In Variante eins machst du eins nach dem anderen, tilgst also erst die Schulden und kümmerst dich danach um den Notgroschen. Das hat allerdings den Nachteil, dass du nach kompletter Rückzahlung der Schulden wieder total blank dastehst und keinerlei Rücklagen für einen Notfall hast. Daher würde ich zur zweiten Variante raten: Du machst beides parallel. Du bringst jeden Monat einen Teil deines Ersparten zusätzlich zu deiner festgelegten Kreditrate für die Rückzahlung des Kredites auf und steckst den anderen Anteil in deinen Notgroschen. So kommst du mit beidem voran. Das muss man für sich abwägen. Aber im Zweifel haben die Schulden Vorrang. Egal in welcher Reihenfolge: Schuldenfreiheit und ein ausreichend großer Notgroschen bilden das absolute Fundament für deine finanzielle Zukunft. Wenn dann Schulden und Notgroschen berücksichtigt sind, fließt das Geld weiter in die Terrasse, die für die Grundsicherung im Alter steht. Also beispielsweise in gesetzliche sowie private Rentenversicherungen und andere langfristige Investitionen. Das sind die drei wichtigsten Stufen. Sie sorgen dafür, dass wir ein in finanzieller Hinsicht sorgenfreies Leben führen können: ohne Schulden, mit einem großen Puffer für den Notfall und einer absoluten Grundsicherung im Alter. Damit hat man schon sehr viel erreicht! Wenn das alles unter Dach und Fach ist, geht es an den Vermögensaufbau. Hier geht es nicht mehr um eine Grundsicherung, sondern um einen angenehmen Lebensstandard im Alter sowie um Freiheit, um wahre Unabhängigkeit.» Ich tippe mit dem Stift auf die Serviette, und Lara schaut mich mit großen Augen an.

«Aber warum erst dann? Warum kann ich nicht alles auf einmal machen? Ich könnte doch meine Schulden tilgen, versuchen, einen Notgroschen aufzubauen, und parallel schon Geld für den Vermögensaufbau investieren.»

«Das machst du lieber nicht. Und zwar, weil du dann im absoluten Worst Case ohne Job, mit einem Haufen Schulden und einem Aktiendepot in den roten Zahlen dastehst. Es kommt kein Geld rein, du musst aber den Kredit abbezahlen, und deine Vermögenswerte sind temporär außer Gefecht, weil zufällig gerade eine Wirtschaftskrise tobt. Was machst du dann?!»

«Ganz einfach: wieder bei Mama einziehen», sagt meine kleine Schwester lachend.

Und ich füge an: «Ich hab's ja gesagt: Worst Case ...»

«Die Terrassen sind wirklich eine schöne Analogie. Und was bedeutet das in der Praxis? Wie gehe ich vor, um die Terrassen nach und nach zum Überlaufen zu bringen?», möchte Mama wissen.

«Da gibt es einen kleinen Trick: Man verteilt seine monatlichen Einnahmen auf verschiedene Töpfe, sodass von vorneherein klar ist, wofür wie viel Geld ausgegeben oder investiert wird. An jedem Ersten des Monats werden die Einkünfte ganz automatisch verteilt, beispielsweise mittels Daueraufträgen. Das könnte so aussehen: Das Gehalt landet am 31. Juli auf dem Girokonto. Am 1. August laufen vollkommen automatisiert verschiedene Transaktionen ab. Ein gewisser Anteil wird für Schulden und Notgroschen auf das Tagesgeldkonto überwiesen. Ein weiterer Anteil wird kontinuierlich für die Altersabsicherung (beispielsweise eine private Rentenversicherung) abgebucht. Wenn die Schulden komplett abgebaut sind und genug Geld als Notgroschen da ist, geht dieser Anteil zukünftig in den Vermögensaufbau. Dann dürfte bereits am 2. August nur noch der Betrag auf dem Girokonto sein, den man getrost und ohne schlechtes Gewissen ausgeben darf, denn für finanzielle Sicherheit und Vermögensaufbau ist bereits gesorgt. Ein gutes Gefühl, oder?», frage ich Lara und Mama.

«In der Tat», sagt Lara. «Das klingt nach einem guten Plan. Aber woher weiß ich denn, wie groß diese Anteile sein sollen und viel Geld ich für die Altersvorsorge aufbringen soll?»

«Sehr gute Frage! Das richtet sich nach deinem langfristigen Gesamtziel.»

«Würstchen, Paprika und Champignons sind fertig!», ruft Papa und trägt einen großen Teller voll mit ziemlich leckerem Essen zu uns an den Tisch.

«Ui, das sieht aber gut aus», lobe ich die Männer.

«Ist doch selbstverständlich, oder?», prahlt Mark, der sich ebenfalls zu uns gesellt.

«Und ihr so?», fragt Papa, der den Stapel mit beschriebenen und bemalten Servietten entdeckt hat.

«Wir reden gerade über finanzielle Ziele und darüber, wie viel man fürs Alter sparen sollte.»

«Das kommt wahrscheinlich darauf an, wie viel Geld man im Alter haben möchte», sagt Mark.

«Und wie viel man vom Staat als Rente bekommt», füge ich an.

«Guter Punkt! Woher weiß ich denn überhaupt, wie viel gesetzliche Rente ich bekomme und wie viel noch fehlt, um nicht in der Altersarmut zu landen?», fragt Lara.

«Um zu erfahren, wie viel Rente du bei gleichbleibendem Gehalt bekommst, also bei gleichbleibenden Einzahlungen in die gesetzliche Rentenversicherung, kannst du bei der Deutschen Rentenversicherung eine Übersicht anfordern. Dort ist genau aufgelistet, in welchen Jahren du eingezahlt hast und wie hoch dein Rentenanspruch sein wird. Wohlgemerkt nach der heutigen Gesetzeslage. Wie die Renten zukünftig behandelt werden, ob sie steigen oder weiter fallen, wissen wir natürlich jetzt noch nicht. Was wir aber wissen, ist, dass das Rentenniveau aktuell sinkt. Im Jahr 2030 soll das Rentenniveau zum Beispiel bei ca. 43 Prozent des Gehaltes liegen.[5] Dass sich an diesem Trend etwas ändern wird, ist kaum anzunehmen. Die Menschen leben immer länger, bekommen also länger eine Rente ausgezahlt. Die Rentenbeiträge finanzieren wir jungen, arbeitenden Menschen. Und da sind wir schon beim Problem angelangt: Immer mehr Menschen gehen in den Ruhestand, gleichzeitig sinkt jedoch die Zahl der Jungen, die für die aktuellen Renten aufkommen müssen. Zurzeit kommen auf einen Rentner 2,1 Beitragszahler. 2,1 erwerbstätige Menschen, die in die Rentenkasse einzahlen, finanzieren somit einen Rentner. In den 60er Jahren waren es noch 6 Beitragszahler pro Rentner, die Rentenkasse war prall gefüllt. In den 90ern kamen bereits nur noch 2,7 Zahler auf einen Rentner. Aufgrund des anhaltenden demographischen Wandels geht dieser Trend weiter: Immer weniger junge Menschen als Beitragszahler finanzieren die Rente. Schon im Jahr 2019 soll die Schwelle von 2 Zahlern pro Rentner unterschritten werden, denn dann werden die Babyboomer, die geburtenstärksten Jahrgänge, in Rente gehen. Im Jahr 2050 wird es voraussichtlich nur noch 1,5 Beitragszahler pro Rentner geben.»[6]

«Also bekommen wir alle weniger. Aber genau kann man es nicht sagen, oder?», fragt Mark.

«Nein, was das in konkreten Zahlen bedeutet, kann ich dir auch nicht sagen. Aber sonderlich gut sieht es nicht aus, da hast du recht. Es gibt einfach zu wenig Beitragszahler für zu viele Rentner. Daraus ergeben sich für mich drei ersichtliche Möglichkeiten: Entweder steigen die Beiträge, die von den jungen Leuten gezahlt werden müssen, oder die Renten werden immer geringer, was ja bereits beschlossene Sache ist, oder das Rentenalter wird sukzessive weiter nach oben geschraubt. Vermutlich aber alles zusammen. Das entscheidet am Ende die Politik.»

«Also diejenigen, die nicht auf eine gesetzliche Rente angewiesen sind, weil sie fürstliche Pensionen erhalten», meldet Papa sich zu Wort.

«Ach, herrjemine», seufzt Mama, «ich möchte wirklich nicht mit eurer Generation tauschen.»

«Rumnörgeln hilft ja nicht, man muss es anpacken!», sage ich energisch.

«Diesen Bescheid von der Rentenversicherung habe ich noch nicht. Aber bei mir dürfte das ja noch nicht sonderlich viel Papierkram sein. Kann ich nicht irgendwo selbst herausfinden, wie viel Rente ich bekommen werde?», fragt Lara.

«Klar, das kann man errechnen. Und sieht dann auch direkt, wie groß die Rentenlücke ist.»

«Was ist die Rentenlücke jetzt schon wieder?»

«Deine Rentenlücke, so habe ich das verstanden», sagt Mama, «ist der Betrag, den du zusätzlich zur gesetzlichen Rente brauchst, um dein gegenwärtiges Gehalt auch im Alter zu bekommen. Diese Lücke muss man füllen, um später genug Geld zum Leben zu haben. Dazu muss man sie natürlich vorher ausrechnen.»

«Och, nee, nicht rechnen. Darauf habe ich keine Lust. Ich war doch nie gut in Mathe», stöhnt Lara. «Und außerdem will ich jetzt erst mal was essen.»

«Es geht auch einfacher: Du kannst sie ausrechnen lassen», erkläre ich schnell, damit Lara nicht Mut und Neugierde wegen ein paar Zahlen und ihrem knurrenden Magen verliert.

«Hmm, und wie geht das?»

«Der einfachste Weg ist, einen entsprechenden Rechner im Internet zu nutzen. Ich hole schnell meinen Laptop!», sage ich, während ich schon aufspringe.

Mein Messer fällt dabei zu Boden, mein Stuhl kippt beinahe um und ich verschlucke mich an einem Stück Kräuterbaguette. Aber nichts kann mich aufhalten, ich bin auf einer Mission.

Ich renne hustend die Terrassentreppen hinauf und springe über die Katze ins Haus, während Mama mir noch «Keine Technik beim Essen!» hinterherruft. Meine Schwester, die sich bis vor ein paar Stunden noch einen feuchten Dreck um ihre finanzielle Zukunft geschert hat, möchte nun ihre Rente inklusive Rentenlücke ausrechnen! Da kann mich keine Tischregel der Welt aufhalten. Das ist quasi wie der Start einer Rakete ins Weltall, den kann man auch nicht einfach verschieben. Irgendwann ist das Startfenster wieder zu, weil Nebel auftritt oder so. Ich laufe in mein altes Kinderzimmer, kralle mir meinen Laptop und renne wieder raus. Vier Sekunden, maximal, mehr habe ich bestimmt nicht gebraucht für diesen Weltklassesprint.

«Das ging jetzt schnell», kommentiert Mark.

Mama setzt zu ihrem obligatorischen Spruch an: «Keine Technik ...»

«… beim Essen!», vervollständigen Lara und ich ihren Satz im Chor.

«Nur dieses eine Mal», sagt Lara.

Ich schaue Mama an und öffne dabei ganz langsam meinen Laptop in der Hoffnung auf einen bestätigenden Seufzer. Und da ist er auch schon. Ich klappe den Laptop auf und rufe die Internetseite http://www.brutto-netto-rechner.info/rente.php auf.

«Die eigene Rente kann man ganz einfach online ausrechnen lassen. Schau mal, hier geben wir deine Daten ein: Dein aktuelles Gehalt und dein Alter sind natürlich für die Berechnung wichtig. Denn deine Rente richtet sich nach deinem Gehalt, und aus deinem Alter lässt sich ermitteln, wie viele Jahre du noch in die Rentenkasse einzahlen wirst. Denn: Wer nicht einzahlt, bekommt nichts. Und wer weniger einzahlt, bekommt auch weniger raus. Gehaltssteigerungen und Inflation werden ebenfalls berücksichtigt», kommentiere ich mein Tippen auf der Tastatur. «So, jetzt noch ein Klick auf *Berechnen*, und schon wissen wir, dass du mit 67 Jahren eine gesetzliche Rente von … die Spannung steigt … inflationsbereinigten 502 Euro bekommen wirst! Herzlichen Glückwunsch!»

«502 Euro pro Monat?!»

«Japp. Brutto. Gehaltssteigerungen von 1,4 Prozent und Rentenanpassung von 1,1 Prozent pro Jahr sowie 2 Prozent jährliche Inflation sind da bereits berücksichtigt. Steuern, Versicherungen etc. gehen davon noch ab.»

Lara starrt mich an.

«Also effektiv so gut wie nichts», stellt sie ernüchtert fest.

«Das könnte man so sagen, ja. Diese 502 Euro bekommst du, wenn in den nächsten knapp 40 Jahren alles so bleibt, wie es ist: Du verdienst das Gleiche, hast keine Ausfälle wegen Babypausen und arbeitest nicht Teilzeit. Außerdem darf die Politik nicht mit irgendwelchen einschneidenden Neuerungen um die Ecke kommen. Und du musst bedenken, dass das Leben im Alter eher teurer als günstiger wird. Typischerweise sinken zwar die Konsumausgaben, wenn man nicht mehr arbeitet – Kostenpunkte wie Pendelkosten zum Arbeitsplatz, das tägliche Mittagessen auf der Arbeit und Arbeitskleidung fallen fast automatisch weg. Allerdings steigen die Ausgaben für Gesundheit enorm. Du brauchst unter Umständen Nahrungsergänzungsmittel, Medikamente, neue Zähne und so weiter. Deine Rentenlücke beträgt übrigens 840 Euro, das steht hier unten. Das ist die Differenz zwischen deinem letzten Monatsgehalt und dem, was du nach heutigem Stand als Rente bekommen wirst. Du müsstest also noch 840 Euro irgendwoher bekommen, um im Alter die gleichen Einnahmen zu haben, die du aktuell hast. Die Inflation ist dort mit eingerechnet, aber nicht deine höheren Ausgaben im Alter. Ich wage mal zu behaupten, dass du mit 1300 Euro im Monat nicht sonderlich weit kommen wirst. In der Realität ist deine wahre Rentenlücke also noch viel höher.»

«Na toll, und jetzt? Was mache ich jetzt mit dieser Info?», möchte Lara wissen.

«Mit dem Ergebnis kannst du zu einer Verbraucherzentrale oder Honorarberatung gehen und dir deinen individuellen Rentenplan schmieden lassen. Die Rentenlücke solltest du mit einer Kombination aus privater Rentenversicherung und eigenen langfristigen Investitionen in Anlagen, die mehr Rendite bringen als eine Versicherung, abdecken können. Dieser Plan würde dir dann zeigen, wie viel Geld du monatlich zur

Seite legen musst, um im Alter den von dir gewünschten Betrag ausgezahlt zu bekommen. Je nachdem, wie viel das sein soll, musst du dafür einen kleineren oder größeren Teil deines monatlichen Einkommens sparen und investieren.»

«Und wenn bei der Planung herauskommt, dass ich ab sofort mehr sparen muss, als ich vielleicht könnte? Was dann?»

«Du hast immer zwei Schrauben, an denen du drehen kannst: Einnahmen und Ausgaben. Wenn du deine Einnahmen steigerst und gleichzeitig deine Ausgaben reduzierst, sind sogar Sparquoten von 30 Prozent oder mehr drin. Die Frage ist, wie sehr man es auf die Spitze treiben will. Wenn du ab 67 Jahren 1500 Euro als Rente haben möchtest, musst du natürlich bis dahin nicht so viel sparen, als wenn du gerne 2500 Euro hättest. Und da sind wir schon bei der nächsten Wasserterrasse: Vermögensaufbau. Vielleicht möchtest du ja schon mit 60, 55 oder 48 Jahren aufhören zu arbeiten? Oder vielleicht hättest du gerne mehr als 2500 Euro, und das schon früher? Das wird aufgrund der geringen Renditen bei Versicherungsprodukten schwierig werden. Dafür sind diese Produkte auch nicht gemacht. Es geht dabei um die Absicherung gegen Altersarmut, nicht mehr und nicht weniger. Wenn du also mehr als eine Grundsicherung haben möchtest, solltest du wirklichen Vermögensaufbau betreiben. Was wünschst du dir denn eigentlich in finanzieller Hinsicht?»

«Hmm, na ja. Ich brauche gar nicht so viel, um zufrieden zu sein. Ein bisschen mehr als aktuell wäre schon nett, aber viel mehr brauche ich nicht, um komfortabel leben und überleben zu können. Damit bin ich schon zufrieden,» sagt Lara.

«Meine Oma hat immer gesagt: Lerne, mit dem zufrieden zu sein, was du hast», wirft Mark ein und nimmt dabei Laras

Hand. Ein etwas unglücklicher Move – und schlechtes Timing noch dazu.

«Beziehst du das etwa gerade auf mich? Musst du dich mit mir ‹zufrieden geben›?», ranzt Lara ihn an.

Oh oh …

«Hä? Nein, so meinte ich das gar nicht. Eher so allgemein. Das hat doch gerade gut gepasst. Mit dir bin ich doch mehr als zufrieden. Das weißt du doch. Mit dir bin ich glücklich», ergänzt er.

Gerade noch die Kurve bekommen. Und ich kann mein Glück kaum fassen. So eine tolle Vorlage!

«Ihr seid also nicht zufrieden miteinander, sondern glücklich? Einfach nur zufrieden mit dem anderen zu sein, wäre euch nicht genug?», frage ich die beiden.

«Ja klar», antwortet Lara. «In einer Beziehung sollte man doch glücklich sein, nicht nur zufrieden.»

«Okay, aber wenn ich mich richtig erinnere, hast du vor drei Minuten gesagt, dass es dir beim Thema Finanzen reicht, zufrieden zu sein. Warum möchtest du in allen Lebensbereichen glücklich sein, aber beim Geld nur zufrieden?»

«Weil Geld …», beginnt Lara und stockt dann.

«… nicht glücklich macht?», ergänze ich.

Stille. Lara regt sich nicht. Ich kann den Groschen förmlich fallen hören. Er fällt. Und fällt. Und fällt. Klirr, angekommen.

«Verdammte Scheiße!», ruft sie und haut auf den Tisch, um ihre Energie rauszulassen.

«Na, na, na, Fräulein!», ermahnt Mama sie.

Aber Lara nimmt sie überhaupt nicht wahr, ihr kommt gerade etwas ganz anderes in den Sinn: ihr Glaubenssatz. «Ja, natürlich», bricht es aus ihr heraus, «jetzt verstehe ich das! Ich glaube, dass Geld nicht glücklich macht. Also rede ich mir ein, dass ich nicht mehr Geld brauche. Denn es würde mich ja nicht glücklicher machen. Vielleicht würde es mich sogar unglücklicher machen. Eine erfüllte Beziehung darf mich glücklich machen, eine liebende Familie darf mich auch glücklich machen. Und das beides habe ich. Aber Geld darf mich nicht glücklich machen, und ich habe auch keins.»

Ein Musterbeispiel eines Aha-Effektes. «Könnte Geld dich denn glücklich machen?», frage ich sie.

«Ich denke, Geld per se nicht. Ein paar Zahlen auf dem Kontoauszug machen ja nicht glücklich. Aber ich könnte mir mit mehr Geld Dinge leisten und Träume erfüllen, die ohne Geld nicht drin wären. Beispielsweise viel mehr zu reisen, anstatt Urlaub auf Balkonien. Oder ich könnte weniger arbeiten und mehr Zeit im Tierheim verbringen und mich politisch stärker für den Tierschutz engagieren.»

Lara ist unglaublich tierlieb und verbringt ihre Samstage nicht selten mit den Hunden im Tierheim. Sie geht mit ihnen Gassi und adoptiert die Härtefälle, die niemand anderes nehmen würde, anstatt sich eine Katze zu kaufen. An ihr ist eine echte Tierschutzaktivistin verlorengegangen.

«Das ist ein schönes Beispiel dafür, wie Geld eben doch ein bisschen glücklicher machen kann. Anstatt Geld zu verprassen und Dinge zu kaufen, die uns eher unglücklich machen, kann man Geld dafür nutzen, um sich freie Zeit zu kaufen. Diese Zeit kann man mit dem verbringen, was einen glücklich macht. Außerdem belegen diverse Studien, dass Geben ebenfalls glücklich macht. In Ländern, in denen Großzügigkeit einen hohen Stellenwert hat, sind die Menschen tendenziell glücklicher.[7] Und einige Experimente zeigen, dass Menschen sich besser fühlen, wenn sie Geld für ein Geschenk ausgeben, als wenn sie sich selbst etwas kaufen. Diese enge Verbindung zwischen Geben und Glück zeigt sich sogar im Gehirn: Großzügiges Verhalten aktiviert ein Hirnareal, das eng mit unserem Belohnungszentrum verknüpft ist.[8] Geben macht also nachweislich glücklich.»

«Und nur wer überhaupt etwas hat, kann etwas geben. Das gilt ja auch für Zeit», ergänzt Mama.

Wenn Lara mehr Geld hätte und daher weniger arbeiten müsste, um ihren Lebensunterhalt zu finanzieren, wäre sie folglich unabhängiger von ihrem Arbeitgeber und könnte ihre Zeit mit anderen Dingen verbringen. Bei Lara stünde ein ehrenamtliches Engagement ganz oben auf der Liste. Bei vielen Mamas ist es der Wunsch, mehr Zeit mit ihren Kindern verbringen zu können. Und manche Selbständige könnten eher mal «Nein» zu nervigen Kunden sagen.

Neben mehr Zeit für die wichtigen Dinge im Leben geht es sicherlich auch um das Versorgen unserer Liebsten. Stell dir vor, jemand aus deiner Familie oder ein anderer Mensch, den du liebst, wird krank. Würdest du dir nicht die allerbeste Versorgung für ihn wünschen, die es für Geld zu kaufen gibt? Also, ich schon. Ich möchte, dass meine Eltern, meine Schwester und auch meine Kinder im Fall der Fälle die verdammt noch mal beste gesundheitliche Betreuung bekommen, die es auf dieser Welt gibt. Außerdem möchte ich, dass meine Kinder auf eine gute Schule gehen und die Welt sehen können. Ich bin mir sicher, dir geht es da nicht anders. Dafür braucht man Geld. Und wenn wir dieses Geld haben und es für diese Zwecke einsetzen können, macht Geld unser Leben einfacher und glücklicher.

«Aber das alles kann ich mir aktuell nicht leisten. Dafür müssen meine Flügel wohl noch ein bisschen wachsen», fügt Lara an.

«Wie könntest du es dir denn leisten?», frage ich.

«Dafür müsste ich wohl mehr verdienen ...»

«Und wie kannst du mehr verdienen? Wie kannst du deine Flügel wachsen lassen?»

«Indem ich mehr arbeite und mir einen Nebenjob suche?», fragt Lara.

Ich spüre förmlich, wie es meinem Papa in den Fingern juckt, und ich weiß genau, welches Thema er ansprechen möchte: Verhandlungen. Er hat in seiner Zeit als leitender Angestellter so einiges erlebt, was ungleiche Bezahlung und Gehaltsverhandlungsgespräche angeht. «Bevor du mehr arbeitest, könntest du versuchen, mehr Geld für deine jetzige Arbeitsleistung zu erhalten. Beispielsweise, indem du dein nächstes Gehalt besser verhandelst», sprudelt es aus ihm heraus. Er legt sogar sein Besteck zur Seite – was schon etwas heißen will. «Leider verhandeln die meisten Frauen ihr Gehalt überhaupt nicht. Was ein riesiger Fehler ist. Ich habe es bei uns in der Firma gesehen: Die meisten Frauen haben viel weniger verdient als ihre männlichen Kollegen in ähnlicher Position. Und zwar aus einem einzigen Grund: Sie haben schlecht verhandelt. Die Frauen waren oftmals sogar pfiffiger, verlässlicher, teamorientierter, aber konnten beziehungsweise wollten sich weder gut verkaufen noch ihr Gehalt verhandeln. Ich hatte immer das Gefühl, dass diese Frauen darauf gewartet haben, dass man auf sie zugeht und ihnen eine Gehaltserhöhung oder eine höhere Position anbietet. Während die männlichen Kollegen proaktiv danach gefragt haben. Dabei sind die Frauen leider oftmals auf der Strecke geblieben. Wer leise spricht, den hört man nicht. So läuft das leider.»

«Frauen sind da eben oft zurückhaltender und spielen sich nicht so auf. Ich finde das nicht schlimm», sagt Mama.

«Natürlich ist das nicht schlimm. Und ich sage nicht, dass Frauen sich wie Männer verhalten und sich ‹aufspielen› sollen. Ich finde lediglich, dass Frauen sich selbst und auch ihre Leistungen stärker zeigen sollten. Es ist ja nicht verwerflich, seine Erfolge auch zu kommunizieren. Ich habe ein gutes Beispiel für euch: Kurz vor meinem Weggang aus der Firma habe ich noch einmal die Abteilung gewechselt und ein kleines Team übernommen. Das Team bestand aus 12 Angestellten. Darunter zwei in ähnlicher Position – eine Frau und ein Mann. Er hatte eine minimal höhere Position als sie. Hat allerdings – haltet euch fest – fast das Doppelte verdient», erzählt Papa.

«Das Doppelte?», frage ich ungläubig, «echt? Also nicht die typischen 21 Prozent Gender-Pay-Gap, sondern ganze 100 Prozent?»

«Ja, so war es. Er hat tatsächlich fast doppelt so viel verdient wie sie. Und sie war echt gut! Sehr clever, immer schneller als alle anderen, und sie hat die besten Ergebnisse geliefert. Sie hat ihre Ziele kontinuierlich in jeder Zielperiode übererfüllt. Er war auch nicht schlecht, ein kluges Kerlchen, aber fachlich war sie eindeutig besser. Da ich das Team ganz neu übernommen hatte, wurden diese Gehälter nicht mit mir verhandelt, und ich wollte wissen, wie es dazu gekommen war. Der Kollege, der das Team vor mir geleitet hatte, war leider bereits aus dem Unternehmen ausgeschieden, sodass ich ihn nicht fragen konnte. Also las ich mir die Dokumente der Mitarbeiterbeurteilungsgespräche der beiden durch. In Vorbereitung auf dieses Gespräch sollte man sich zuerst selbst einschätzen und aufschreiben, was man erreicht hat, bevor die Ergebnisse mit dem Vorgesetzten diskutiert wurden. Beim Lesen der Selbstreflexion wurde mir einiges klar. Sie schrieb dort Sätze wie: ‹Unser Team hat es geschafft, seine Ziele zu erreichen.› In Wahrheit hatte ihr Team die Ziele nicht nur erreicht, sondern übererfüllt, das konnte man ja an den Zahlen sehen. Und so wie ich sie kennengelernt hatte, hatte sie das Team zu dieser Leistung gebracht – nicht andersherum. Das schrieb sie aber nicht. Sie stellte das Team in den Vordergrund, was sehr löblich ist. Allerdings kam ihre individuelle Leistung dabei nicht zur Geltung. Beim Mitarbeitergespräch geht es ja um sie, nicht um das Team. Das ist die Gelegenheit, zu zeigen, was man erreicht hat und wie man es erreicht hat. Sie hätte beispielsweise schreiben können: ‹Wir haben unsere Ziele mit 20 Prozent übererfüllt. Meine Idee XY, war dabei ein entscheidender Faktor.› So hätte sie dem Team die gebührenden Lorbeeren gegeben und gleichzeitig sich selbst und ihren entscheidenden Einfluss kommuniziert. Es würde ja schon reichen, diese Wahrheit einfach zu kommunizieren. Das würde allen helfen.»

«Wieso allen? Was hat mein Arbeitgeber davon, wenn ich meine Erfolge kommuniziere?», möchte Lara wissen.

«Dein Arbeitgeber hat ein Interesse daran, die besten Leute zu haben und zu fördern. Denn nur mit den besten Leuten in den wichtigen Positionen kann das Unternehmen überleben und wachsen. Wenn allerdings die Person, die die beste Besetzung wäre, ständig untertaucht und ich sie kaum wahrnehmen kann, werde ich mich zwangsläufig für eine andere Person entscheiden, die aber nun mal nicht die beste Besetzung ist. Und das ist für die Firma letztendlich ein wirtschaftlicher Schaden. Daher wäre es für beide Seiten gut, wenn Frauen sich trauen würden, ihre eigenen Erfolge anzuerkennen, und sich auch selbst erlauben, Anerkennung von außen dafür zu bekommen.»

«Aber sollten die Chefs dann nicht viel mehr auf die Frauen schauen, anstatt zu versuchen, sie zu verbiegen und zu Männern zu machen?», fragt Mama.

Papa nickt. «Ja, ja, natürlich sollten sie das. Aber die meisten tun es ja nicht. Aber wenn sie darauf warten, ohne ihr Zutun vom Chef entdeckt zu werden, wird in der Regel gar nichts passieren. Beruf und Karriere sind ZDF-Bereiche: Zahlen, Daten, Fakten.[9] Die muss man haben und kommunizieren. Die meisten Frauen haben diese Zahlen, Daten, Fakten, aber sie erzählen niemandem davon. Viele Männer haben sie nicht, aber kommunizieren sie dennoch. Es macht einen Unterschied, ob eine Frau sich aufführt wie ein Mann, also sich verbiegt, um absichtlich anders wahrgenommen zu werden, oder ob sie anderen einfach zeigen will, was sie leistet. Diese Frauen, von denen ich rede, sind ja top, die brauchen sich also gar nicht zu ändern oder zu verstellen. Alles, was sie tun müssen, ist, selbstbewusst zu kommunizieren, dem Chef zu sagen: ‹Sieh her, das habe ich geleistet!› Damit sie am Ende eben auch beim Gehaltsgespräch etwas vorzuweisen haben. Das tut doch auch gut, gibt Energie und noch mehr Selbstbewusstsein für die nächsten Herausforderungen und Erfolge.»

Ich finde, das hat er schön gesagt. Mama findet das auch.

«Das hast du schön gesagt», lobt sie ihn.

Lara will es genauer wissen. «Du sagst also, dass wir Frauen unsere Erfolge kommunizieren sollen, um eine bessere Verhandlungsposition zu haben. Das ergibt ja auch Sinn. Aber was sage ich im Verhandlungsgespräch?»

Papa hat sein Besteck vollkommen vergessen, das Essen ist sicher schon kalt. Dafür blüht er jetzt richtig auf.

«Ich glaube, was im Gespräch passiert, hängt zu 100 Prozent von der Vorbereitung ab. Auf eine Gehaltsverhandlung muss man sich vernünftig vorbereiten. Zuerst einmal muss man seinen Wert für das Unternehmen kennen. Wie viel Umsatz macht das Unternehmen mit mir? Was verdienen meine Kolleginnen und Kollegen? Wie leicht bin ich zu ersetzen? Als Zweites muss man Argumente und vor allem Gegenargumente haben. Viele Personaler arbeiten mit Totschlagargumenten. Beispielsweise sagen sie Dinge wie: ‹Wir haben feste Gehaltsstufen, und Sie sind noch nicht lange genug bei uns, um auf die nächste Stufe zu gelangen.› Wenn man unvorbereitet ist, weiß man darauf gar nichts zu sagen und nickt nur. Und die Gehaltserhöhung ist futsch. Dabei ist dies so ein bescheuertes Argument. Denn diese Antwort suggeriert doch, dass meine Leistung gar keinen Einfluss auf mein Gehalt hat. Es geht nicht darum, wie gut ich bin, sondern wie lange ich schon im Unternehmen bin. Egal wie außerordentlich gut ich mich entwickle, egal ob ich Topergebnisse liefere: mein Gehalt richtet sich allein nach Betriebszugehörigkeit. Da kann man sein Gegenüber schon mal fragen, ob man das richtig verstanden hat und es in diesem Unternehmen tatsächlich so abläuft ... Auf diese Totschlagargumente kann man sich vorbereiten und sie mit entsprechenden Fragen aushebeln. Am besten lässt man sich vorab von jemandem beraten, der sich damit auskennt, und arbeitet mit ihr oder ihm gemeinsam eine Strategie aus. In dieser Strategie formuliert man ganz genau, was das Gegenüber sagen könnte und was man dem entgegnen wird. Darauf sind die meisten Personaler gar nicht vorbereitet. Die bringen nur ihre 08/15-Totschlagargumente und wissen auf Gegenargumente nichts zu sagen.»

Eine Gehaltsverhandlung steht und fällt mit guter Vorbereitung. Gönn dir einen Verhandlungs-Coach, der mit dir eine Strategie ausarbeitet.

«So einem Totschlagargument bin ich auch mal zum Opfer gefallen. In meinem ersten festen Job bat ich nach der Probezeit um mehr Gehalt. Mein Chef sagte nur: ‹Wie viel verdienst du? Das ist aber eine ganze Menge. In deinem Alter habe ich nicht so viel verdient. Das Gehalt ist schon in Ordnung so.› Ich war so perplex, dass ich gar nichts sagen konnte. Gespräch beendet, Gehaltserhöhung gestorben», erzähle ich.

Papa nickt, der Rest schaut ungläubig.

«Und was für Angestellte gilt, gilt meines Erachtens auch für Selbständige und Freiberuflerinnen», fahre ich fort.

«Einmal habe ich mit zwei Freelancern zusammengearbeitet: mit einem Mann und einer Frau. Beide waren Experten auf ihrem jeweiligen Gebiet, er war vielleicht ein bisschen qualifizierter als sie, aber nicht wesentlich. Dennoch lag sein Tagessatz ca. 40 Prozent über ihrem.»

«Dazu fällt mir auch noch eine Geschichte ein», sagt Mark. «Meine Schwester babysittet nebenbei, um sich ihr Studium zu finanzieren. Letztens hat sie ein komplettes Wochenende auf zwei Kinder aufgepasst, weil die Eltern verreist waren. Sie hat die Kleinen aus der Kita abgeholt, Essen gekocht, mit ihnen gespielt, sie ins Bett gebracht und hat sogar selbst dort auf dem Sofa geschlafen. Ihrem normalen Stundenlohn zufolge hätte sie 386 Euro verdient. Die hat sie aber nicht berechnet, sondern weniger. Ihre Begründung war, dass ihr die Zeit mit den Kindern ja auch Spaß macht, sie während des Mittagsschlafes nicht aktiv gearbeitet hat und sie die Eltern so sehr mag. Letztendlich hat sie einen Freundschaftspreis von 360 Euro berechnet. Irgendwie macht sie immer Freundschaftspreise. Allerdings hatten die Eltern nur 320 Euro bar im Haus. Sie hat sich also mit 320 Euro zufriedengegeben. Ihr war es nach eigener Aussage unangenehm, den vollen Preis zu verlangen.»

«Das hat sicherlich auch sehr viel mit Selbstbewusstsein und dem eigenen Selbstwert zu tun», versucht Mama dieses Verhalten zu erklären. «Wenn man sich selbst weniger wert ist, kann man sicherlich keine hohen Preise aufrufen.»

«Oder wenn man anderen gefallen will. Indem Marks Schwester nicht den eigentlichen Preis für ihre Arbeit verlangt hat, hat sie unterbewusst versucht, sich beliebt zu machen und die unangenehme Situation, dass die Eltern zu wenig Geld im Haus hatten, zu entschärfen. Sie hätte ja auch ihre Kontodaten hinterlassen können. Alles in allem sollten wir Frauen stärker darauf achten, angemessen bezahlt zu werden und uns nicht unter Wert zu verkaufen. Wir sind schließlich nicht eine Ware im Sale. Es gibt uns nicht ständig im Sonderangebot. Eine Freundin von mir ist Masseurin und wird ständig gefragt, ob sie eine Massage gegen beispielsweise einen Haarschnitt tauschen möchte. Eigentlich möchte sie das nicht, aber sie geht ständig auf solche Deals ein, weil sie der anderen Person nicht auf die Füße treten möchte. Das Ende vom Lied ist dann, dass sie zwei Stunden Massage im Wert von 150 Euro für einen Haarschnitt im Wert von 40 Euro eintauscht. Damit hat sie sich zum Schnäppchen gemacht und wird letztendlich auch so von anderen Personen gesehen: ein Schnäppchen mit einem geringen Wert. Wenn man in solchen Situationen eine innere emotionale Blockade spürt, sollte man erneut seine Glaubenssätze analysieren und gegebenenfalls an seinem Selbstbewusstsein arbeiten. Das Schöne an Selbstbewusstsein ist ja, dass es ansteckend ist. Je mehr Selbstbewusstsein man hat, desto mehr Selbstbewusstsein erlangt man. Und vor Verhandlungsgesprächen sollte man mit einem Verhandlungs-Coach arbeiten.»

Lasse dich für deine Arbeit angemessen bezahlen.

Diesmal nicken alle zu meinen Worten, außer Lara. Man sieht, dass sie über etwas nachdenkt. «Aber so ein Verhandlungs-Coach kostet ja auch wieder Geld. Ich soll doch aber eigentlich sparen. Wie passt das zusammen?»

Nun kribbelt es mir in den Fingern, denn wir nähern uns meinem absoluten Lieblingsthema: Humankapital. Das klingt ein wenig hölzern, ist aber das A und O für jede Zielerreichung. «Einen Coach musst du als Investition sehen. Du würdest meinetwegen 200 Euro investieren – in das Coaching und neues Wissen – und würdest das Neuerlernte einsetzen, um beispielsweise 5000 Euro mehr an Gehalt zu verhandeln. Vermutlich wird dir dieses erlernte Wissen auch bei zukünftigen

Verhandlungen helfen. Es wäre folglich eine sehr lohnende Investition. Durch solche Maßnahmen investierst du in den größten und wichtigsten Vermögenswert überhaupt: in dich. Der Schlaumeierbegriff dafür lautet Humankapital. Dazu gehören Investitionen in Bildung, Sport, Gesundheit, Achtsamkeit, Beziehungen, Erholung und so weiter. Du investierst in alles, was dich voranbringt, dich deinem Ziel näherkommen und dich als Mensch wachsen lässt. Du könntest dir eine Yoga-Stunde gönnen, um im Gleichgewicht zu bleiben, einen Online-Kurs, um dich weiterzubilden, oder auch ein paar Stunden deiner Zeit in eine Netzwerkveranstaltung investieren, um neue Kontakte zu knüpfen. Ich finde, dass Investitionen in sich selbst die wichtigsten unseres Lebens sind. Das Tollste an Investitionen in sich selbst ist, dass sie zugleich die sichersten und lukrativsten sind. Du hast es selbst in der Hand, ob du neu Gelerntes aus einem Seminar, Buch, Kurs oder Coaching umsetzt und somit die Investition zu einer lohnenden Angelegenheit machst oder eben nicht. Das Risiko liegt komplett bei dir. Wenn du das neue Wissen aus einem Buch, Seminar, Kurs oder Coaching anwendest, sind die Renditen auf das eingesetzte Kapital meistens enorm. Du könntest, wie in meinem Beispiel mit den Kosten fürs Coaching und dem Anstieg des Gehaltes, direkt einen finanziellen Gewinn einstreichen oder langfristiger profitieren, indem du beispielsweise durch mehr Sport mehr Energie hast, durch neue Kontakte und Impulse ganz neue Ideen generierst oder durch einen Meditationskurs langfristig ausgeglichener und leistungsfähiger wirst. All diese Investitionen in dein Humankapital lassen dich als Persönlichkeit wachsen und reifen», sage ich.

«Wie viel Geld oder Zeit sollte man denn in sein Humankapital investieren?», fragt Mark, dem der Ansatz offenbar gefällt.

«In der Literatur ist oft von zehn Prozent der Einnahmen die Rede.»

«Machst du das auch?»

«Definitiv, meist sogar mehr als zehn Prozent.»

Investiere in dich! Investitionen in dein Humankapital sind die sichersten und lukrativsten Investitionen.

«Warum so viel?»

«Weil ich mir immer große Ziele setze. Und um diese großen Ziele zu erreichen, muss ich mich in vielen Bereichen stark verbessern und stets dazulernen. Ich bin ja Fan von großen Zielen. Ich glaube fest daran und sehe es an meinen Erfahrungen, dass große Ziele die absolute Voraussetzung für große Ergebnisse sind. Wer viel erreichen will, muss sich große Ziele setzen.»

«Und wie machst du das?»

«Was meine Finanzen angeht, habe ich einen Zehnjahresplan, der das Wachstum meines Nettovermögens beinhaltet. Ich weiß, wo ich in zehn Jahren rauskommen möchte, und arbeite nun Jahr für Jahr an der Erreichung der jährlichen Etappenziele und Meilensteine. Damit das auch klappt, arbeite ich täglich mit meinem eigens konzipierten Finanzjournal. Dort trage ich mein Zehnjahresziel ein und breche dieses dann auf Jahresziele, Monatsziele und Wochenziele herunter. Daraus ergeben sich wiederum To-dos für jeden Tag, die ich ebenfalls dort eintrage. Am Ende jedes Tages und jeder Woche reflektiere ich, was gut gelaufen ist und was es noch zu verbessern gibt. Außerdem ‹zwingt› mich das Finanzjournal anhand seiner Struktur und Fragen zur Achtsamkeit, sodass ich es nicht übertreibe und stets dankbar und demütig bleibe. Seitdem ich meinen Zehnjahresplan habe und strukturiert mit dem Finanzjournal arbeite, erreiche ich das Vielfache von dem, was ich vorher erreicht habe. Genau wie bei den Glaubenssätzen spielt auch hier unser Unterbewusstsein eine enorme Rolle – es ist quasi unser Zielnavigationssystem. Und ein Navi funktioniert nur, wenn man ein Ziel eingibt.»

«Das Journal klingt total spannend. Und wie erreichst du deine Ziele dann auch? Vor allem, wenn sie so groß sind?», fragt Mark.

«Indem ich tue, was dafür notwendig ist: Ich lerne und wachse kontinuierlich. Am meisten investiere ich tatsächlich in mich selbst – in mein Humankapital. Ich lese sehr viel Fachliteratur, besuche Seminare und Workshops, belege Online-Kurse und arbeite mit entsprechenden Experten zusammen, wenn ich etwas über ein bestimmtes Gebiet lernen möchte. Das ist übrigens auch eine tägliche Frage in dem Journal: ‹In was hast du heute investiert?› Ich investiere täglich in mich selbst – ob es ‹nur› ein Buch ist, eine gesunde Mahlzeit, eine Runde joggen oder eine Ruhepause.»

«Sind diese Investitionen in Seminare, Bücher, ein Journal und so weiter nicht ziemlich teuer?», will Mark wissen.

«Da ich Investitionen in mich für vollkommen essenziell halte, kann Bildung in meiner Welt gar nicht zu teuer sein. Dazu gibt es auch ein schönes Zitat von John F. Kennedy. Er hat gesagt: ‹Es gibt nur eins, was auf die Dauer teurer ist als Bildung: keine Bildung.›»

Ein Finanzjournal hilft dir, deine Ziele zu definieren, zu visualisieren und sie Schritt für Schritt zu erreichen.

«Ich finde diesen Ansatz echt cool. Ich könnte beispielsweise einen Online-Kurs für dieses neue Graphikprogramm machen, das bei uns auf der Arbeit noch niemand so richtig beherrscht. So könnte ich bei meinem Chef mit zusätzlichen Kompetenzen glänzen und mich besser positionieren. Ich würde meinen Wert fürs Unternehmen steigern und somit meine Verhandlungsposition stärken – sowohl für eine Gehaltsverhandlung als auch für eine Beförderung.» Laras Augen glänzen.

«Und meiner Schwester könnte ein Buch oder ein Kurs zum Thema Selbstwertgefühl dabei helfen, ihre echten Preise zu verlangen und vielleicht noch zu steigern», schlussfolgert Mark aus meinen Worten.

«Also, ich habe Folgendes verstanden: Rente und Rentenlücke ausrechnen – habe ich gerade gemacht. Dann erarbeite ich zusammen mit einer Honorarberatung meinen persönlichen Rentenplan, um im Alter abgesichert zu sein.» Lara notiert sich nun auch etwas auf ihrer Serviette.

«Genau. Das Ziel ‹Keine Altersarmut mit 67› wirst du mit einer entsprechenden privaten Rentenversicherung abdecken können, falls das in deinem Einzelfall überhaupt Sinn ergibt. So müsstest du dir um deine Grundsicherung keine Sorgen machen. Was schon mal gut ist, denn Geldsorgen machen dumm, wusstet ihr das? Wenn das Geld knapp wird, dreht sich alles nur noch darum. Ein Psychologe aus Harvard, der die kognitiven Auswirkungen von Armut erforscht, sagt, dass Menschen mit Geldsorgen über weniger ‹Bandbreite› im Gehirn für die Konzentration auf andere Dinge verfügen. Eine verminderte Bandbreite, hat er herausgefunden, kann zu einer Verringerung der messbaren Intelligenz führen. Der Einfluss von Geldknappheit auf das Denkvermögen entspricht nach seinen Studien zu 80 Prozent den Auswirkungen einer schlaflosen Nacht. Und wir wissen ja alle, wie fit wir nach einer durchzechten Nacht sind ... Dazu gibt es übrigens auch einen spannenden Test aus den USA. Die Teilnehmer sollten sich vorstellen, ihr Auto müsse repariert werden und sie müssten dafür entweder 1500 Dollar oder 150 Dollar hinblättern. Nach Nennung des jeweiligen Betrags mussten die Teilnehmer zwei Intelligenztests machen. Das Ergebnis: Während die wohlhabenderen Teilnehmer sowohl bei Kosten von 1500 Dollar als auch bei 150 Dollar gleich gut (oder schlecht) abschnitten, zeigten die schlechter Gestellten im Fall der höheren Rechnung klare Defizite. Und das allein aufgrund der Vorstellung, dass sie so viel Geld zu bezahlen hätten. Es ging nicht mal um eine reale Rechnung!», erzähle ich.

Mama springt ein und ergänzt: «Das ist ja ein richtiger Teufelskreis. Je mehr Geldsorgen man hat, desto weniger ist man in der Lage, die richtigen Entscheidungen zu treffen, um sich aus der Armut zu befreien.»

«Das ist natürlich ungünstig», stellt Papa mit messerscharfem Verstand fest. Er hat nun auch wieder das Besteck in den Händen.

«Gut, aber zurück zum Thema: Wie schon vorhin erwähnt, bringen Versicherungen nur wenig Rendite: Sie investieren dein Geld eher konservativ und erheben Gebühren. Dennoch ist es natürlich super zu wissen, dass man für die absolut nötigsten Ausgaben im Alter abgesichert ist – egal, wie lange man lebt. Ein wirklich angenehmes Leben ohne finanzielle Sorgen wird das aber nicht unbedingt sein. Denn ein Vermögen baust du mit Versicherungen nicht auf. Wenn wir also davon reden, im Alter ohne finanzielle Sorgen zu leben oder sogar schon ein wenig früher in Rente zu gehen oder generell mehr Geld zu haben, musst du dein Erspartes gewinnbringend investieren.»

«Womit wir wieder bei den Wurzeln wären ...», schlussfolgert Lara.

«Ganz genau. Es geht um langfristige Investments, die einen Geldfluss zu dir ermöglichen. Und was könnte das ganz konkret sein?»

«Zum Beispiel Immobilien und Aktien», gibt sie mustergültig zu Protokoll.

«Da du, wie wir bereits festgestellt haben, aktuell nicht über das notwendige Eigenkapital verfügst, um dir eine Immobilie kaufen zu können, bleiben wir doch bei den Aktien. Aktien haben in den letzten Jahren langfristig eine Rendite von durchschnittlich 8 Prozent pro Jahr hingelegt.[10] Du könntest langfristigen Vermögensaufbau betreiben, indem du regelmäßig Geld in Aktien investierst, sodass du zum Zielzeitpunkt deinen Zielbetrag erreicht hast. Was dir dabei hilft, ist der Zinseszins.»

«Ach, davon habe ich schon gehört», sagt Lara. «Das heißt doch, dass man Zinsen auf die Zinsen bekommt, oder? Also jedes Jahr bekommt man mehr und mehr Geld dazu.»

«Richtig. Albert Einstein hat den Zinseszins angeblich als das achte Weltwunder bezeichnet. Der Zinseszins sorgt dafür, dass Geld, das Geld erzeugt, wiederum Geld erzeugt. Angenommen, du hast im ersten Jahr 100 Euro. Auf die 100 Euro bekommst du fünf Prozent Zinsen. Also hast du im zweiten Jahr insgesamt 105 Euro. Nun bekommst du im zweiten Jahr aber nicht fünf Prozent auf die anfänglichen 100 Euro, sondern auf die 105 Euro. Somit hast du nach zwei Jahren bereits 110,25 Euro. Und immer so weiter. Dein Vermögen wächst exponentiell anstatt linear. Je länger der Zinseszins für dich arbeitet, je länger du dein Geld also investierst, desto höher wird diese jährliche Wachstumsrate. Daher ist es so wichtig, schon früh anzufangen und so lange wie möglich dabeizubleiben. Auch wenn man anfangs nicht so viel Geld hat. Je länger man den Zinseszins nutzt, desto besser.» Sage ich und schnappe mir eine neue Serviette und male eine Tabelle auf.

	10 Jahre	20 Jahre	30 Jahre
Endbetrag	ca. 7750 Euro	ca. 20 000 Euro	ca. 41 000 Euro

«Schau mal», ich deute auf die Tabelle. «Hier siehst du, welchen Unterschied ein paar Jahre des Sparens ausmachen. Wenn du zehn Jahre lang jeden Monat 50 Euro zu fünf Prozent anlegst, hast du am Ende ca. 7750 Euro – vor Steuern. Nach 20 Jahren hast du bereits ca. 20 000 Euro zusammen. Die Zeitspanne hat sich verdoppelt, aber dein Endbetrag hat sich fast verdreifacht. Nach 30 Jahren hättest du sogar über 40 000 Euro! Du sparst dreimal länger und bekommst einen fünfmal höheren Endbetrag. Von diesen 40 000 Euro zahlst du übrigens nur 18 000 Euro selbst ein. Die restlichen 22 000 Euro verdankst du dem Zinseszins. Wenn das Geld unterm Kopfkissen liegt, bekommst du die 22 000 Euro nicht ...»

Je länger der Zinseszins für dich arbeitet, desto besser – auch mit kleinen Beträgen.

«Und nach einigen Jahren habe ich ein kleines Vermögen, das mir meine Rente aufstockt. Vielleicht wäre ja sogar noch eine kleine Reise drin ...?», fragt Lara.

«Egal, ob Rente oder Reise: Was du tun musst, ist rückwärts rechnen. Bleiben wir doch mal bei der Reise, das ist ein schönes Beispiel. Wenn dein Ziel eine Reise ist, solltest du dir überlegen, wann sie stattfinden soll und was sie kosten wird. Dann kannst du dir ausrechnen, wie lange du wie viel Geld sparen und mit welchem Gewinn anlegen musst, um dein Ziel zu erreichen.

Es gibt drei Faktoren, die deine Zielerreichung beeinflussen: die Höhe deiner Sparrate, die jährliche Rendite auf dein gespartes Geld und die Laufzeit, also wie lange dein Geld investiert ist und bleibt. Sparrate, Rendite und Laufzeit sind abhängig voneinander», erkläre ich und male ein Dreieck auf eine Serviette. Die Spitzen benenne ich nach den drei Faktoren: Sparrate, Rendite und Laufzeit. Ich nenne es das finanzielle Zieldreieck.

«Diese drei Faktoren sind abhängig voneinander und beeinflussen sich gegenseitig. Wenn du einen der drei Faktoren verringerst oder erhöhst, beispielsweise deine Sparrate reduzierst, verschiebt sich automatisch mindestens einer der beiden anderen Faktoren in die entgegengesetzte Richtung, um dein Ziel dennoch zu erreichen. Ich gebe euch ein Beispiel: Wenn dein Ziel lautet, in 15 Jahren ca. 37 000 Euro für eine Weltreise zur Verfügung zu haben, gehst du im Internet

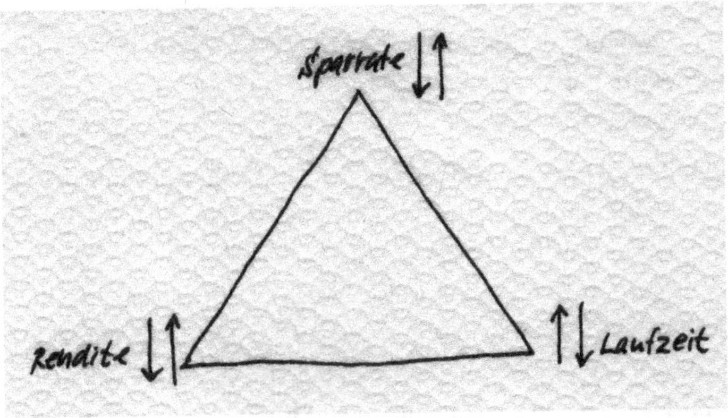

auf einen Sparplanrechner[11] und rechnest aus, wie viel Geld (Sparrate) du in den kommenden 15 Jahren (Laufzeit) bei wie viel Gewinn pro Jahr (Rendite) investieren musst. Achtung: Auf Gewinne aus Kapitalvermögen, also auch Aktien, fallen natürlich Steuern an: und zwar 25 Prozent auf Einkünfte von über 801 Euro. Der Sparrechner zieht die Steuern schon direkt für dich ab. Da ich das Beispiel in meinem Online-Kurs nutze, weiß ich zufällig, dass du mit einem Startkapital von 5000 Euro monatlich ca. 105 Euro zu durchaus realistischen fünf Prozent jährlicher Rendite anlegen müsstest, um nach 15 Jahren 37 000 Euro zu haben. Zurück zu unseren Faktoren: Du könntest nun beschließen, dass dir 105 Euro pro Monat als Sparrate zu viel sind. Du verringerst also den Faktor ‹Sparrate›. Um dein Ziel von 37 000 Euro dennoch zu erreichen, müsste die Rendite steigen, du müsstest also risikoreicher anlegen, oder die Laufzeit müsste sich verlängern. Oder aber du sagst, dass dir fünf Prozent Rendite zu viel Risiko sind und du möchtest lieber nur zu zwei Prozent anlegen. Dementsprechend müsstest du monatlich mehr Geld sparen als die 105 Euro oder du müsstest die Zeitspanne verlängern. Oder beides. Du kannst also diese drei Faktoren so lange verändern, bis das Ergebnis zu dir und deinem finanziellen Ziel passt. Von den 37 000 Euro Endkapital kämen übrigens knappe 24 000 Euro anhand von Einzahlungen direkt von dir, während die restlichen 14 000 Euro durch den Zinseszins dazukämen. Gute 1000 Euro gehen an Steuern ab. Du würdest also im besten Fall 13 000 Euro allein dafür bekommen, dass du dein Geld investiert hast. Mehr machst du ja effektiv nicht. Das Beispiel ist natürlich etwas vereinfacht dargestellt, denn es kann natürlich sein, dass eine Krise dir deine Rendite verhagelt. Aber mir geht es hierbei erst einmal um die Zusammenhänge. Und dabei muss man nicht einmal rechnen, das übernimmt ein Online-Rechner für uns», erkläre ich.

«Okay, das habe ich verstanden. Rückwärts rechnen lautet das Zauberwort. Ich setze mir ein Ziel und schaue dann anhand des Online-Rechners, wie viel Geld ich monatlich bei welcher Rendite und wie lange anlegen muss. Und verändere die drei Faktoren so lange, bis es passt. Das wäre also die Reise als Beispiel. Aber wenn ich später Einkünfte aus meinen Investments erzielen will? Zum Beispiel als Teil meiner Rente? Wie funktioniert das?», möchte Lara wissen.

«Ganz ähnlich. Bei dieser Zielstellung würdest du darauf hinarbeiten, dass du ab Zeitpunkt X einen regelmäßigen Betrag Y ausgezahlt bekommen möchtest. Hier steht und fällt alles mit der Höhe des investierten Betrages. Je mehr Geld du investiert hast, desto höher sind die Gewinne in absoluten Zahlen. Wenn du 100 000 Euro investiert hast und jährlich fünf Prozent Rendite ausgezahlt bekommst, sind das 5000 Euro. Wenn du aber auf eine Million Euro fünf Prozent Rendite erhältst, sind das ganze 50 000 Euro. Um den Endbetrag zu erreichen, der dir genug Gewinne beschert, um deinen monatlichen Wunschbetrag zu erhalten, müssen wieder Sparrate, Rendite und Laufzeit zusammenspielen.»

«Klar, je mehr Geld ich später haben möchte, desto mehr muss ich bis dahin sparen und investieren», ergänzt Lara.

«Wichtig ist, dass du dir ausrechnest, was du tun musst, um dein Ziel zu erreichen. Dazu brauchst du nicht mehr als einen Rechner im Internet, mit dem du ein wenig rumspielen kannst. Einfach mal aufrufen und ein paar Zahlen eintippen. Dort siehst du dann, wie viel jährliche Erträge du aus deinen Investitionen bei welchem investierten Betrag erhältst und wie du dorthin kommst. Sprich, wie viel du monatlich sparen und anlegen musst, damit der Endbetrag zustande kommt. So bekommst du ein Gefühl für die Zusammenhänge und kannst dann entscheiden, welche Parameter wichtiger als andere sind. Als Ergebnis hast du dann konkrete Zahlen, auf die du hinarbeiten kannst. Wenn du weißt, dass du pro Monat 200 Euro sparen musst, ist das viel greifbarer, als wenn du ‹so viel wie möglich› sparen möchtest. Die 200 Euro sind sehr konkret, und du kannst dir ganz genau überlegen, welche Ausgaben du kürzen musst, um sie zu erreichen. Tony Robbins, ein sehr erfolgreicher Motivations-Coach aus den USA, hat in seinem Buch «Money» geschrieben: ‹Der Unterschied zwischen reinen Träumern und Menschen, die ihre Träume ausleben, besteht darin, dass reine Träumer nie den wahren Preis ihrer Träume ausgerechnet haben.›»

«Dann wäre jetzt nur noch die Frage, wie ich das mache. Wie investiere ich in Aktien? Und vor allem: Du hast gesagt, dass es nicht schwierig und nicht viel Aufwand ist ...»

«Das ist so, und wir können uns gerne anschauen, wie das geht», bestärke ich Lara. «Aber erst brauche ich noch etwas zu essen.» Auf dem Weg zum Grill denke ich über den bisherigen Abend nach. Am Tisch sitzen meine Schwester und meine Mama und diskutieren über Sparraten und Humankapital. Sie reden über Geld. Das haben sie noch nie getan. Und dann auch noch freiwillig und mit echtem Interesse. Darauf eine Tofuwurst.

Deine Challenge:

Du hast es schon bis zur dritten Challenge geschafft, super! In dieser Challenge geht es natürlich darum, deine finanziellen Ziele festzulegen. Was möchtest du im Hinblick auf die nächsten zehn bis 25 Jahre erreicht haben? Eine sichere Rente im Alter? 500 Euro extra pro Monat? Auswandern? Früher aufhören zu arbeiten? Ein Unternehmen gründen? Nicht nur schuldenfrei, sondern mit 100 000 Euro im Plus sein? Wenn du ein langfristiges Ziel für dich definiert hast, rechnest du aus, was es kostet und was du dafür ab morgen tun musst. Wie viel Geld musst du ab jetzt sparen und ggf. investieren, damit du dein Langzeitziel erreichst? Für die Zielerreichung kannst du wunderbar mit einem Finanzjournal arbeiten.

Um dein Ziel zu erreichen, musst du dich wahrscheinlich weiterbilden und wachsen. Lege drei Investitionen in dein Humankapital fest, die du in den nächsten sieben Tagen tätigen wirst. Buche ein Seminar, belege einen Online-Kurs, gehe zu einer Netzwerkveranstaltung, kaufe Bücher, die dich in dem gefragten Bereich weiterbringen. Denk an Forrest Gump: «Einfach machen ...»

MEINE FINANZIELLE TRANSFORMATION: NATHALIE, 32, MARKETING

Liebe Nathalie, kannst du kurz deine finanzielle Ausgangssituation und deinen Status quo in finanzieller Hinsicht beschreiben?

Vor zwei Jahren hatte ich 32 500 Euro Schulden und habe in den Tag hineingelebt. Heute habe ich noch 8740 Euro Schulden, traue mich, vierstellige Tagessätze zu verlangen, und werde Ende dieses Jahres – also etwa zwei Jahre nach der Erkenntnis, dass es so nicht weitergeht – wieder im Plus sein.

Wie bist du in diese schlechte finanzielle Lage geraten? Welche Glaubenssätze, Denk- und Verhaltensmuster sind dir rückblickend aufgefallen?

Ende 2015 ist mir klargeworden, dass es finanziell wirklich eng ist. Angefangen hat das Ganze schleichend: Für ein Auslandssemester hatte ich mir Geld von meinen Eltern geliehen und wollte eigentlich ein «Work & Travel» anschließen. Weil ich eine Weile keinen Job fand, habe ich mich entschieden, von dem Geld zu reisen. «Man lebt ja nur einmal», war mein Gedanke. Das hat mich 10 000 Euro gekostet. 2013 habe ich mich selbständig gemacht und nach dem Gang zur Versicherungsmaklerin fleißig Steuerrücklagen gebildet, bis ich mich 2015 entschieden habe, eine eigene Firma zu gründen und dafür die Steuerrücklagen zu nutzen. Ganz nach dem Motto: «Ich kriege das ja ganz schnell wieder raus.» Kosten diesmal: 12 500 Euro. Hinzu kamen noch 10 000 Euro BaföG-Schulden, und zack: Ende 2015 stand ich mit einem Schuldenberg von 32 500 Euro da. Dabei bin ich zwischendurch viel (und teuer) gereist und habe mir gerne ein schönes Leben gemacht.

Im Moment sind noch 8740 Euro an zinsfreien BaföG-Rückzahlungen fällig. Einen Teil davon könnte ich jetzt schon begleichen, und bis Ende des Jahres habe ich, wenn alles wie geplant läuft, endlich ein positives Nettovermögen. Yeah!

Wann und warum hast du dann die Entscheidung getroffen, etwas zu ändern, deine Finanzen selbst in die Hand zu nehmen und dich mehr damit zu beschäftigen? Gab es da einen Auslöser?

Im November 2015 wurde mir bewusst, dass bald eine Steuernachzahlung fällig ist. Ich habe mich dann einer Freundin anvertraut, die mir auf sehr direkte Art die Augen geöffnet hat. Sie riet mir, ab sofort ein Zimmer meiner Wohnung unterzuvermieten und mir einen konkreten Plan zu machen, wie ich da wieder rauskomme. Und dann gab es noch ein offenes Gespräch mit meinem Steuerberater, der mir geholfen hat, mit dem Finanzamt Ratenzahlungen zu vereinbaren.

Wie bist du bei deiner finanziellen Transformation vorgegangen? Hast du dir neue Verhaltensmuster angewöhnt oder bestimmte Regeln für den Umgang mit Geld? Und hattest du ein konkretes Ziel?

Nachdem mir meine beschissene Lage bewusst war, bin ich sehr radikal vorgegangen: Ich habe sofort angefangen, Teile meiner Wohnung zu vermieten – und selbst auf der Couch im Wohnzimmer geschlafen. Ohne Tür! Später bin ich sogar in eine WG gezogen, um noch mehr Geld zu sparen. Außerdem habe ich angefangen, mein Büro mit jemandem zu teilen, und schließlich sowohl das Büro als auch die Idee einer eigenen großen Firma an den Nagel gehängt.

Obwohl die Selbständigkeit mein ideales Lebens- und Arbeitsmodell ist, habe ich für zehn Monate einen Angestelltenjob angenommen und dabei gut verhandelt. Mit der Hälfte meines Gehalts habe ich jeden Monat Schulden ans Finanzamt zurückgezahlt. Abends und am Wochenende habe ich zusätzlich noch den einen oder anderen selbständigen Auftrag abgewickelt. Das war teilweise sehr anstrengend – aber auch lohnenswert.

Was waren die größten Herausforderungen in dieser Zeit? Und wie hast du dich in harten Phasen neu motiviert?

Die Zeit in der klassischen Festanstellung war hart für mich. Zum einen, weil die Arbeit an sich sehr anspruchsvoll war – aber auch, weil ich ohne meine Selbständigkeit das Gefühl hatte, einen Teil meiner Identität aufzugeben. Ganz besonders am Anfang, als ich noch ohne größere Aufgaben im Büro saß.
Ich bin ein ziemlich ungeduldiger Mensch. Was gut ist, wenn frau versucht, ihr Einkommen zu vermehren: Dadurch habe ich teilweise wirklich viel und schnell verdient. Gleichzeitig war es schwierig für mich, auf etwas hinzuarbeiten, das gefühlt so weit in der Ferne liegt. Da musste ich mich wirklich in Geduld üben.
Motiviert haben mich unterschiedliche Dinge. Da war zunächst die blanke Angst, dass das Finanzamt mir alle Konten einfrieren könnte. Außerdem wollte ich auf keinen Fall wieder in so eine unangenehme Situation kommen: Die Zukunft sollte besser werden. Das war ein langer und nicht immer einfacher Weg – aber jetzt ist es geschafft.

Was sind deine wichtigsten Erkenntnisse aus dieser Erfahrung?

Für die Zukunft planen und sparen finde ich genauso wichtig, wie das Leben heute zu genießen. Statt alles, was Geld kostet, zu canceln, habe ich angefangen, zu hinterfragen, was mir im Leben wirklich wichtig ist. Zum Beispiel bin ich nicht bereit, das Reisen völlig aufzugeben. Was ich heute anders mache, ist, dass ich meine Wohnung für diese Zeit komplett untervermiete und mir klarmache, dass ich für das Reisevorhaben zusätzlich Geld verdienen muss. Außerdem finanziere ich nichts mehr über Kredite. Sollte ich mal ein Auto brauchen, wird es ein altes, gebrauchtes sein, das ich sofort bezahlen kann – oder eben gar keins. Ich verhandle heute deutlich besser als früher: Durch Erfahrung und Coaching habe ich sowohl mein Gehalt erhöhen können als auch meine Tagessätze.

Oft ist es ja so, dass sich Änderungen in einem Lebensbereich auf andere übertragen. War das bei dir auch so? Welche Auswirkungen hatte dein finanzieller Wandel?

Nachdem ich finanziell aufgeräumt hatte, war bei mir die Selbständigkeit dran. Projekte, die aufwendig und schlecht bezahlt waren, habe ich schnell aussortiert. Im Moment arbeite ich angestellt in Teilzeit, das entspricht meinem Wunsch nach Freiheit am ehesten. Mit der Festanstellung im Rücken kann ich als Selbständige selbstbewusster verhandeln.

Wie siehst du deine finanzielle Situation in zehn Jahren, was sind deine Ziele?

Mein absoluter Traum ist die finanzielle Freiheit: Also nicht mehr arbeiten zu müssen mit 40. Am «Wie» arbeite ich noch. Einen ETF-Sparplan habe ich schon mal; die Riester-Rente ist auf Eis gelegt, und nächstes Jahr möchte ich mir einen Bulli zulegen, um ihn dann vor allem für Reisen und Umzüge zu vermieten.

Welche Tipps hast du noch für Frauen, die auch etwas ändern wollen?

Meine Tipps, um schnell etwas dazuzuverdienen:

- Wohnung untervermieten, zum Beispiel via Airbnb (Achtung, das ist in manchen Städten nicht legal!)
- ausgemusterte Sachen bei eBay-Kleinanzeigen oder auf Flohmärkten verkaufen
- an Marktforschungsstudien teilnehmen – ich habe gute Erfahrungen mit Testing Time gemacht
- Promotion-Jobs (etwa über Promotion-Basis), hier werden Menschen unterschiedlichen Alters gesucht

Wenn du wirklich was verändern willst, solltest du

- der Wahrheit ins Auge blicken und wissen, wie es finanziell um dich steht,
- auch mal unbequeme Sachen machen, um dich aus dem Loch zu ziehen (Wohnung untervermieten, einfache Jobs etc.),
- dich etwas trauen: Wer nicht fragt und fordert, der nicht gewinnt!

Im Leben kann man immer Neues lernen,
wenn man bereit ist, Anfänger zu sein.
Wem es gelingt, mit Freude Anfänger zu sein,
dem steht die ganze Welt offen.

Barbara Sher

FUTTERN UND AKTIEN

Wieso die Börse die reinste Psychofalle ist – Warum du nie auf Experten hören solltest – Wie du diesmal fürs Faulsein belohnt wirst – Warum Herr Schmidt auch nichts dafür kann – Wie du goldene Eier erhältst und was das Ganze mit Partymix-Knabberboxen zu tun hat

Ich bleibe eine Weile am Grill stehen, werfe Kartoffeln in die heiße Glut und lege ein paar gefüllte Champignons auf das Gitter. Es hat bereits angefangen zu dämmern, die Luft kühlt ein wenig ab, es riecht nach gutem Essen – und nach meiner Chance, den Damen und Herren am Tisch das Thema Investieren an der Börse ein wenig näherzubringen.

«Hey, du!», ruft Lara mir zu. «Nicht alles direkt vom Grill auffuttern! Komm lieber rüber und erzähl mir, wie ich mein Geld anlegen soll.»

«Na gut, wenn es unbedingt sein muss», antworte ich betont laut aufseufzend, rolle theatralisch mit den Augen und lege den gegrillten Schafskäse und diverse Gemüsespieße auf einen Teller. Dann geselle ich mich zu den anderen.

«Also», legt Lara los, «wenn ich dann bald meine Schulden los bin und meinen Notgroschen aufgebaut habe: Welche Aktien soll ich dann kaufen und wie macht man das? Kann ich das nicht einfach machen wie du? Das geht doch am schnellsten und du kannst das ja schon.»

«Ich werde dir nicht sagen, in welche Aktien du investieren sollst. Und vom Nachmachen würde ich dir auch abraten. Du musst schon deine eigenen Entscheidungen treffen. Genau darum geht es mir ja: Nicht auf ‹Experten› hören, nicht einfach nachmachen, nicht die Verantwortung aus der Hand geben. Sondern selbst Informationen sammeln und souveräne Entscheidungen treffen. Angenommen, ich oder sonst jemand rät dir dazu, in eine bestimmte Aktie zu investieren. Und du tust es einfach. So wie damals eine Herde von Uninformierten bei der Telekom-Aktie, ohne zu wissen, warum überhaupt. Und dann schmiert das Ding ab. Der Kurs fällt. Weil du keine Ahnung hast, warum du diese Aktie überhaupt gekauft hast, weil du dich nicht mit dem Unternehmen und seinen Stärken, Schwächen, Chancen und Risiken beschäftigt hast, gerätst du in Panik und verkaufst deine Anteile. Natürlich mit enormem Verlust. Denn du hast gekauft, als es alle taten, die Aktie also teuer war, und verkauft, als der Kurs unten war. Du hast teuer gekauft und günstig verkauft. Dass das kein gutes Geschäft ist, dürfte sogar dir als Mathe-Muffel einleuchten. Was machst du dann? Die Schuld auf mich schieben? Das kannst du gerne tun. Bloß bringt dir das dein Geld nicht zurück, und du weißt immer noch nicht, wie es geht», erkläre ich und revanchiere mich für den Ohrenschnipper in der Küche.

«Ja, das leuchtet sogar mir ein. Aber das mit den Preisen habe ich nicht verstanden. Warum ist die Aktie teuer, wenn alle kaufen?»

«Weil dann die Nachfrage höher als das Angebot ist. Angebot und Nachfrage bestimmen jeden Preis in einer Marktwirtschaft. Du kaufst doch immer diese Schoko-Nuss-Creme mit extra hohem Nussanteil und beschwerst dich über den schwankenden Preis. In einem Jahr hat so ein Glas doch über zehn Euro gekostet, oder?»

«Ja, genau, weil die Nussernte in der Türkei so schlecht ausgefallen ist.»

«Siehst du! Hier gab es also aufgrund der schlechten Ernte ein geringeres Angebot an Nüssen, aber eine gleichbleibende Nachfrage. Daher stiegen die Preise für Nüsse und somit auch der Preis deiner Schoko-Nuss-Creme. Wenn ich ein Produkt zum Verkauf stelle, das viele Menschen unbedingt haben wollen, und es wenige Anbieter wie mich gibt, steigt ganz automatisch der Wert meines knappen Gutes – und, klar, somit auch der Preis. So ist es bei Aktien auch: Damit ich eine Aktie kaufen kann, muss jemand anderes bereit sein, sie zu verkaufen. Wenn viele Menschen eine begrenzte Anzahl an zur Verfügung stehenden Aktien haben wollen, aber die Halter der Aktien gar nicht die Notwendigkeit sehen, sie zu verkaufen, steigt der Preis. Es gibt mehr Menschen, die die Aktie haben wollen, als solche, die sie abgeben wollen. Die Nachfrage übersteigt in diesem Fall das Angebot, der Preis steigt. Es kommt eigentlich nur darauf an, für welche der beiden Seiten – Anbieter oder Nachfrager – es dringlicher ist, zu agieren. Wenn die aktuellen Besitzer einer Aktie diese unbedingt so schnell wie möglich loswerden wollen, weil sie fürchten, dass der Kurs weiter fallen wird, aber die Nachfrager kein Interesse haben, sie zu kaufen, sinkt der Preis. Beispielsweise wie beim Abgasskandal. Alle wollten ihre VW-Aktien schnell loswerden, keiner wollte sie haben. Also brach der Preis der Aktie ein.»

«Aha! Also ist ein Aktienkurs quasi der Preis der Aktie?», fragt Mark.

«Genau, der Kurs einer Aktie zeigt an, wie viel eine Aktie an diesem Unternehmen aktuell wert ist, was also ein Anteil kostet. Egal, was laut Experten für eine aktuelle Kursentwicklung verantwortlich ist: neue Geschäftsführer, ein geplatzter Auftrag, super Quartalszahlen. Am Ende bestimmen einzig und allein Angebot und Nachfrage den Kurs.»

Ein Aktienkurs bildet den Wert und damit den Preis einer Aktie ab. Dieser wird von Angebot und Nachfrage bestimmt.

«Wenn ich eine Aktie kaufe, möchte ich ja, dass der Preis steigt, sodass ich sie teurer verkaufen kann. Woher weiß ich, ob und wann die Aktie steigen wird?», fragt Mark.

«Ganz einfach: Du weißt es nicht. Du kannst es gar nicht wissen, niemand kann das wissen, denn niemand kann in die Zukunft schauen. Oder hat jemand den Abgasskandal vorhergesagt?»

«Das nicht, aber man hört und liest doch ständig von Börsenexperten und Gurus, die sagen, dass man jetzt Aktie XY kaufen oder verkaufen soll. Woher wissen die das denn?»

«Die wissen es auch nicht. Sie behaupten es nur. Tatsache ist: Auch Experten können nicht in die Zukunft blicken. Der Großteil aller Prognosen ist schlichtweg falsch. Es gibt verschiedene Studien, die belegen, dass Vorhersagen nicht besser sind als der pure Zufall. Der amerikanische Psychologe Professor Philip Tetlock hat in den 1980er Jahren sogenannte Experten gebeten, Zukunftsprognosen und Trends à la «Wo steht der Ölpreis in zwei Jahren» abzugeben, und diese später ausgewertet. Dabei teilte er seine Experten in zwei Lager: Füchse und Igel. Füchse verfügen eher über ein breites Wissen und zeichnen sich durch eine größere Demut vor der Zukunft aus, während Igel auf ein spezielles Thema abonniert sind und ‹eine große Idee› verfolgen. Folgendes kam dabei heraus: Alle Prognosen waren kaum besser als der Zufall. Und die Füchse, also die Generalisten, schlugen die Igel. Das klingt erst mal komisch, denn Igel beschäftigen sich schließlich den ganzen Tag mit ‹ihrem› Thema. Tja, und genau da liegt das Problem. Spezialisten überschätzen sich häufig, sie leiden am sogenannten Overconfident Bias, an systematischer Selbstüberschätzung.[12] Außerdem bewegen sie sich tagein, tagaus ausschließlich in ihrer fachlichen Blase – mit anderen Experten, die sich gegenseitig die Akkuratesse ihrer selektiven Wahrnehmung bestätigen. Kein Input von außen, kein konstruktives Hinterfragen. Die Füchse schnitten ein wenig besser als der Zufall ab, was dennoch nicht sonderlich gut ist. Man kann also genauso gut eine Münze werfen. Ein weiteres Beispiel: Das ‹Handelsblatt› veröffentlichte Anfang 2009 eine Dax-Prognose für den 31. Dezember von 30 europäischen Banken. Das Gros lag weit daneben: Die durchschnittliche Vorhersage lautete 5230 Punkte, tatsächlich erreichte der Dax 6003 Punkte. Ein ziemlicher Unterschied! Ein deutscher Ex-Börsenhändler und Buchautor hat zu Beginn des Jahres 2009 ein Buch veröffentlicht, in dem er davon abriet, in Aktien zu investieren. Seiner Meinung nach waren die Zeiten zu unsicher dafür. Der Dax schaffte 2009 von Anfang Februar bis Ende Oktober ein Plus von 47 Prozent.[13] Fazit: Keiner weiß, wie sich die Kurse entwickeln werden – auch nicht die Experten. Und schon gar nicht auf kurzfristige Sicht», erkläre ich.

Auch Experten können keine Börsenkurse vorhersehen.

«Während es unmöglich ist, kurzfristig akkurate Vorhersagen zu treffen, kann man jedoch im historischen Verlauf feststellen, dass langfristig, also über Jahrzehnte hinweg, die allgemeine Tendenz nach oben zeigt. Dieser Trend kommt so zustande: Es gibt immer Hochs und Tiefs, aber in der Rückbetrachtung ist zu sehen, dass jedes Hoch einen neuen absoluten Spitzenwert erreicht, wohingegen die Tiefstwerte des letzten Tiefs immer über denen vorheriger Tiefs bleiben. Die Kurse pendeln sich immer um den Mittelwert ein, also zwischen Hochs und Tiefs. Und dadurch, dass die Hochs immer höher und die Tiefs ebenfalls immer höher werden, also ein Tief nie so tief wie das vorherige Tief ist, steigt die Mittelwertlinie kontinuierlich. Der allgemeine Trend von Aktien zeigt langsam, aber stetig nach oben. Ich rede dabei absichtlich vom allgemeinen Durchschnitt. Man kann natürlich nicht behaupten, dass jede Aktie langfristig ein gutes Investment ist.»

«Aber selbst wenn die Tiefs immer weniger schlimm ausfallen: Geld kann man doch trotzdem verlieren, oder nicht?», wirft Lara ein.

«Ja, definitiv. Investitionen gehen immer mit einem bestimmten Risiko einher. Egal, ob du eine Immobilie kaufst, in Aktien investierst oder ein eigenes Unternehmen gründest. Risiken gibt es immer. Im schlimmsten Fall geht das Unternehmen, in das du investiert hast, bankrott und dein Geld ist futsch. Kurzfristige Kursschwankungen an sich sind aber vollkommen normal. Man sollte nie mit der Vorstellung an der Börse investieren, dass der Kurs kontinuierlich nach oben geht. Denn das wird er nicht. Er wird nach unten gehen. Mal mehr, mal weniger stark. Mal über ein paar Tage, mal über mehrere Monate oder sogar Jahre. Deswegen ist es so wichtig, dass man vorher seinen Notgroschen aufgebaut hat und nur Geld investiert, das man in nächster Zeit nicht braucht. Was keine gute Idee wäre: Jetzt Geld investieren, um damit in genau drei Jahren einen Kredit abzulösen. Denn was machst du, wenn wir uns genau zu dem Zeitpunkt in einem Abschwung befinden und deine Investments nur noch zwei Drittel vom Anfangswert wert sind? Der Zeitraum von drei Jahren ist einfach viel zu unvorhersehbar. Du hast dann keine Zeit mehr, eine mögliche Krise wieder auszugleichen. Daher: Je länger, desto besser.»

Investiere nur Geld, das du kurz- bis mittelfristig nicht brauchst.

«Aber wenn die Kurse die ganze Zeit hoch- und runtergehen, mache ich doch ständig Verlust, oder nicht?», fragt Mama.

«Nein, nicht wirklich. Einen Verlust machst du erst, wenn du zu dem Verlustwert verkaufst. Also falls du deine Aktien zu einem Zeitpunkt verkaufst, an dem sie weniger wert sind, als sie es beim Kauf waren. Bis zum Verkauf ist jeder Verlust erst einmal nur virtuell. Der Kurs kann ja am nächsten Tag schon wieder steigen. Wenn man jedoch überhastet verkauft, verpasst man langfristig die Chance auf Wiedergutmachung. Dann ist man raus, hat den Verlust realisiert und kann nicht vom nächsten Hoch profitieren – falls es kommt.»

«Es sei denn, man kauft dann direkt wieder», merkt Mark an.

«Klar, aber dann hätte man gar nicht erst verkaufen müssen. Zwischen panischem Verkauf und erneutem Kauf muss es ein Zeichen geben, damit man neuen Optimismus fasst, um es erneut zu wagen. Dieses Zeichen ist normalerweise ein steigender Kurs. Wenn die Kurse wieder steigen, die Experten zum Kauf raten und der Nachbar ebenfalls wieder einsteigt, kaufen die meisten Unwissenden. Allerdings kauft man dann wieder zu einem hohen Preis. Verstehst du, was ich meine?»

«Noch nicht so ganz ...»

Visuell lässt sich meine Theorie besser erklären. Daher: Zeit für Serviettenkunst. Ich male eine zittrige Kurve auf eine Serviette. Es geht hoch, runter, hoch, runter, hoch, runter – wie ein Aktienkurs eben. Neun Stellen auf der Kurve markiere ich mit Nummern.

«Schau mal, unser Kurs startet hier unten links und krabbelt langsam nach oben», sage ich, während ich mit dem Stift die gemalte Linie von 1 nach 2 entlangfahre. «Ich als Interessentin dieser Aktie beobachte den Kurs ein paar Wochen und bemerke, dass er relativ stetig steigt. Die gute Performance dieser Aktie hat sich herumgesprochen, erste Experten raten zum Kauf, ihre Prognosen versprechen weiteres Wachstum in den kommenden Monaten. Das will ich mir nicht entgehen lassen! Ich will dabei sein, schnell und einfach Geld verdienen und

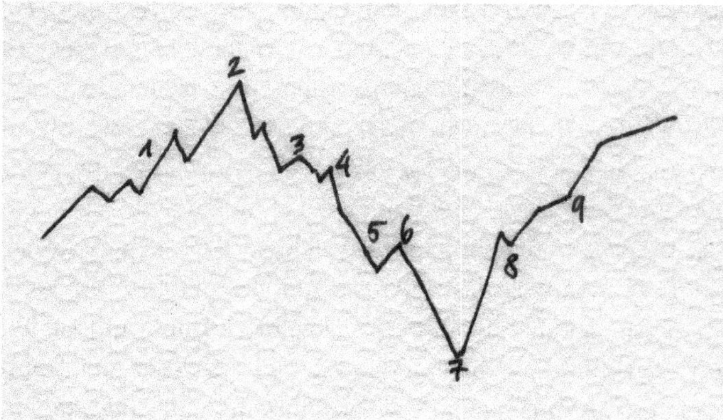

vielleicht auch ein bisschen im Bekanntenkreis von meinen gut laufenden Geschäften erzählen. Ich muss schnell handeln, sonst verpasse ich die fette Rendite. Also kaufe ich einige Aktien und freue mich in den nächsten Wochen tierisch, dass der Kurs weiter anzieht. Gut, dass ich nicht noch länger gewartet habe. Ich bin dabei, yippie!» Mein Stift ist bei Punkt 2 angekommen. «Dann, eines Tages, wendet sich das Blatt und der Kurs fällt.» Ich fahre mit dem Stift bis zu Punkt 3. «Da ich gelernt habe, dass kurzfristige Kursschwünge ganz normal sind und die Aktie jetzt recht günstig zu haben ist, entschließe ich mich, noch mehr Anteile zu kaufen. Ich freue mich, dass ich günstig nachkaufen kann und es besser mache als alle anderen, die sofort panisch verkaufen. Der Kurs geht noch ein wenig weiter runter, ich kaufe weiter günstig nach. Alles easy, keine Panik, ich mache alles richtig. Dann gehen die Kurse kurzzeitig wieder nach oben, hier bei Punkt 4. Alles richtig gemacht! Der Kurs wird weiter steigen, die Experten sagen es, ich weiß es. Ich bin die Beste, ich habe alles voll im Griff. Jetzt wird wieder abkassiert! Doch drei Tage später kommt der große Knall. Der Kurs rutscht von Tag zu Tag immer heftiger ab. Ich werde ein wenig nervös, lese die Finanznachrichten, aber irgendwie sagt kein Experte mehr etwas zu der Aktie, die sie vor einigen Wochen noch in den Himmel gelobt haben. Warum sagt mir denn niemand, was zu tun ist!? Dann wird es mir zu heiß, ich steige aus, bevor ich noch mein ganzes Geld verliere. Scheiß Börse, ein Teufelszeug ist das! Ich verkaufe alle Aktien – ihr Wert hat sich gegenüber dem Kaufpreis halbiert. Immerhin bin ich jetzt raus, habe nicht mein ganzes Geld verloren und kann nachts wieder schlafen. Vielleicht muss ich mir eingestehen, dass niemand mehr weiß als der Markt, dass auch ich keine Ahnung habe. Das wird mir eine Lehre sein.» Der Stift ist bei Punkt fünf angelangt. «Aber ich bin neugierig und beobachte die Aktie weiter. Ich will ja schließlich sehen, wie das Ding komplett abschmiert, damit ich mir auf die Schulter klopfen kann, noch rechtzeitig ausgestiegen zu sein. Nach zwei Tagen ziehen die Kurse wieder ein bisschen an, doch ich lasse mich davon nicht beirren. Bei Punkt 6 denke ich mir ‹So war es ja beim letzten Mal auch und danach kam der große Knall. Das wird dieses Mal sicherlich wieder genauso ablaufen.› Und so kommt es dann auch.» Ich fahre mit dem Stift hinunter an den Tiefpunkt der Kurve bei Nummer 7. «Hab ich's doch gewusst! War ja klar, dass es so kommt. Wie gut, dass ich rechtzeitig ausgestiegen bin aus diesem Zockerverein namens Börse. Ich habe zumindest meine paar Kröten noch gerettet, bevor die große Talfahrt begann. Das erzähle ich natürlich meinen Kollegen. Doch dann, ihr ahnt es schon, dreht der Kurs plötzlich wieder nach oben.» Am Tisch bricht Gelächter aus. «Was passiert also als Nächstes?», frage ich in die Runde.

Lara übernimmt den Stift und kommentiert den Weg von Punkt 7 zu Punkt 8: «Der Kurs steigt wieder, aber du traust dem Braten noch nicht. Vielleicht ist es wieder nur eine Falle! Doch der Aktienkurs geht immer weiter hoch, immer weiter hoch. Du denkst ‹Verdammt, was soll ich denn jetzt machen? Wenn ich nicht schnell wieder einsteige, verpasse ich den nächsten Höhenflug›. Du willst wieder dabei sein und kaufst bei 9.» Jetzt muss Lara lachen.

«Aber wenigstens beim zweiten Mal ein bisschen früher. So sind die Aktien billiger», ruft Mark.

Allen am Tisch ist klar, dass dieses Verhalten sehr verlustreich und stressig ist. Zu zehn Euro kaufen, für fünf Euro verkaufen und dann wieder zu acht Euro kaufen – so kann es einfach nicht funktionieren. «Seht ihr», ich deute auf die Serviette, «im Rückspiegel sieht man immer ganz wunderbar, an welchem Punkt ein Kurs seinen Höchststand oder sein absolutes Tief hatte. Und rückblickend weiß man natürlich immer alles besser und versteht gar nicht, wie Leute so blöd sein konnten, am Tiefpunkt zu verkaufen. Nur leider weiß man das in dem entscheidenden Moment nicht. Woher will man wissen, ob heute der absolute Höhepunkt erreicht ist und es ab morgen bergab geht? Oder andersherum? Daher sollte man kurzfristig nie von der Vergangenheit auf die Zukunft schließen. Nur weil ein Wert seit drei Wochen steigt, heißt das noch lange nicht, dass er das die nächsten drei Wochen auch tun wird. Diejenigen, die die Spielregeln nicht kennen oder sich einbilden, sie könnten das Marktgeschehen vorhersehen, landen schnell in der Verlustzone. Weil sie keine Ahnung und keine Strategie haben, sind sie leicht beeinflussbar und von Emotionen getrieben. Und zwar von Gier und Angst. Erst will man nichts verpassen und ist gierig nach dem schnellen Geld, investiert mehr und mehr. Wenn die Kehrtwende kommt, bekommt man es mit der Angst zu tun und verkauft mit Verlust. Das ist gefährlich und oftmals verlustreich.»

Der vergangene Verlauf eines Kurses hat absolut nichts mit der zukünftigen Entwicklung der Aktie zu tun.

«Aktien sind ja der reinste Psychoterror», sagt Mark.

Lara ergänzt, dass ich nicht sonderlich gut darin sei, ihnen die Börse schmackhaft zu machen.

Und dann sagt Mama auch noch: «Ich weiß schon, warum ich mich da immer rausgehalten habe. Das ist alles viel zu riskant. Keiner weiß, was passiert. Da kann man doch gleich ins Casino gehen und das gesamte Ersparte auf Rot setzen.»

Solche Reaktionen sind erwartbar, ich habe damit gerechnet. Nach allem, was wir bisher besprochen haben, kann es gar nicht anders sein. Allerdings muss ich jetzt die Kurve kriegen, ehe meine Familie endgültig zu Tofuwürstchen und Grillgemüse zurückkehrt ... «Eure Skepsis ist an diesem Punkt definitiv berechtigt und gesund», fahre ich fort. «Doch genauso wenig, wie die Provisionsberaterin daran schuld war, dass ich diese blöde Versicherung abgeschlossen habe, ist die Börse daran schuld, wenn Menschen Verluste erleiden. Denn das verlustreiche Handeln wird nicht von der Börse produziert, sondern von demjenigen, der irrationale Entscheidungen trifft. Womit wir wieder beim Thema Risiko wären. Wir gehen jeden Tag Risiken ein. Zum Beispiel im Straßenverkehr. Das größte Risiko ist hierbei wohl ein Unfall mit Todesfolge. Um Unfälle zu vermeiden, gelten im Straßenverkehr bestimmte Regeln: Geschwindigkeitsbegrenzungen, Ampeln, Sicherheitsabstände, Vorfahrtsregelungen, Rechtsfahrgebot und so weiter. Wenn ich also als Fußgängerin eine Straße überqueren möchte, nutze ich hierfür eine Ampel. Ich warte, bis es grün wird, stelle sicher, dass die Autos halten, und gehe erst dann über die Straße. Oder ich schaue zumindest vorher, ob ein Auto kommt. Meine Chancen, wohlbehalten auf die andere Straßenseite zu gelangen, stehen recht gut. Ich könnte allerdings auch auf die Regeln pfeifen, weil ich eh alles besser weiß, und mit verbundenen Augen über die Straße rennen. Was die Chance meines Ankommens merklich verringern dürfte. Aber ist die Straße schuld daran, wenn ich überfahren werde? Ich habe mich nicht an die Regeln gehalten, habe dadurch mein Risiko enorm erhöht und die Quittung dafür bekommen. Richtig?» Ich schaue fragend in die Runde, in der Hoffnung, dass mir alle folgen konnten.

«Das klingt erst mal logisch, ja. Was kann ich denn beim Thema Aktien tun, damit ich nicht überfahren werde?», fragt Mama.

«Ja, genau, was sind denn die Regeln an der Börse, die man befolgen soll?», möchte Lara wissen.

Ich halte einen Moment inne. Papa schaut mich an und zwinkert mir zu. Er hat auch bemerkt, was hier gerade passiert ist. Meine Mama und meine Schwester, die sich vor einigen Stunden zum ersten Mal in ihrem Leben ernsthafte Gedanken über ihre Finanzen gemacht haben und am liebsten in dieser Hinsicht gar nichts unternehmen und, wenn überhaupt, einfach nachahmen wollten, wollen die Thematik nun wirklich durchdringen. Sie haben verstanden, dass sie allein über ihre Finanzen bestimmen. Die Fragen lauten nun nicht mehr, «ob» sie an der Börse investieren sollen oder «ob» man eine Aktie kaufen soll, sondern «wie» man es anstellt. Und zwar, wie man es richtig macht: wie die Hintergründe und Zusammenhänge sind, wie man die Regeln befolgt, wie diese lauten und wie man vorgeht. Anscheinend genieße ich den Moment einen Tick zu lange, denn Lara fängt an, vor meinen Augen herumzufuchteln.

«Hallo! Jemand zu Hause?», fragt sie.

Ich entscheide mich, das Publikum noch ein wenig warten zu lassen und erst einmal meinen leeren Teller mit Salat, Kartoffeln und einem Ketchup-See zu befüllen, während ich «Jaja, geht ja gleich weiter. Man wird ja wohl noch was essen dürfen» murmele. «Es gibt da ein wunderbares Zitat», setze ich mit halbvollem Mund an. «Es lautet: Wenn Sie den größten Gefahrenherd für ihre finanzielle Zukunft sehen wollen, gehen Sie nach Hause und schauen in den Spiegel. Und genau so ist es auch. Wir selber sind das größte Risiko. André Kostolany, ein sehr erfolgreicher und berühmter Börsianer, hat die Akteure an der Börse in zwei Lager eingeteilt: die Zittrigen und die Hartgesottenen. Wie sich die Zittrigen verhalten, sehen wir auf der Serviette. Sie haben keinen Plan, keine Strategie, kein Wissen und sind daher Spielball aller möglichen Kräfte. Sie spekulieren oder zocken – oftmals ohne zu wissen, dass sie das tun. Sie kaufen teuer und verkaufen günstig – mit Verlust. Im Gegensatz zu den Hartgesottenen. Die haben nämlich eine langfristige Strategie, die sie konsequent verfolgen. Dies könnte sein, eine Aktie über mehrere Jahre oder gar Jahrzehnte zu halten. Diese Strategie nennt sich Buy and Hold, Kaufen und Halten. Buy-and-Hold-Anlegerinnen interessieren sich nicht für kurzfristige Kursgewinne oder -einbrüche, denn sie entscheiden sich aus gutem Grund für oder gegen ein Investment. Rational und souverän. Ohne Gier und Angst. Sie schauen nicht auf die nächsten 3 Wochen, sondern auf die nächsten 30 Jahre. Sie wissen, dass sich die Kurse kurzfristig unvorhersehbar entwickeln, aber der langfristige Trend positiv sein wird.»

«Spannend! Bis eben dachte ich, dass man es genauso macht an der Börse. Dass man ständig kauft und verkauft. Ich dachte, es gäbe nur Zocker ...», kommentiert Mama.

«Stimmt! Irgendwie denkt man automatisch ans Zocken, wenn es um Börse und Aktien geht. Aber langfristig anlegen und halten klingt definitiv entspannter als dieses ewige Hin und Her von Kaufen und Verkaufen», findet Mark.

«Das ist es auch. Plus: Es ist ertragreicher. Denn wie wir wissen, kann niemand die Kurse vorhersehen, also bringt es nichts, ständig aktiv zu kaufen und verkaufen. Was obendrein jedes Mal Transaktionskosten für jeden Kauf und Verkauf verursacht. Diese Kosten schmälern die Rendite zusätzlich. Bei der Buy-and-Hold-Strategie entfallen diese Kosten, da man nicht ständig kauft und verkauft», bestätige ich Mark.

«Und wie wird man zu einer Hartgesottenen?», fragt Lara.

«Indem man die vier G[14] hat», antworte ich und mache mir einen kleinen Spaß daraus, diese nichtssagende Antwort im Raum stehen zu lassen, während ich genüsslich meine in Ketchup getränkten Kartoffeln verspeise. Schmeckt fast wie Pommes. Aber leider nur fast.

«G ... wie ...?», fragt Lara und schaut mich ungeduldig an.

«G wie Geld, Gedanken, Geduld und Glück», antworte ich und fahre fort: «Das erste der vier G steht für Geld. Dabei geht es nicht um die Höhe deines Vermögens, sondern allein darum, ob du Schulden hast oder nicht. Wer Schulden hat, hat kein Geld. Und wer kein Geld hat, kann und sollte keine Aktien kaufen. Ich war letztens mit ein paar Frauen aus der Madame-Moneypenny-Facebook-Gruppe im Kino, um einen Film[15], der zur Zeit der Tulpenkrise spielt, anzuschauen. Die Tulpenkrise gilt als die erste Spekulationsblase der Welt. In dem Film wurde sehr deutlich, was passiert, wenn man Schulden hat, dennoch spekuliert und das Ganze dann nach hinten losgeht.»

«Tulpenkrise? Da ging es aber nicht wirklich um Blumen, oder?», möchte Mama wissen.

Für sie als leidenschaftliche Gärtnerin ist das ein spannendes Thema.

«Doch, doch», sage ich. «Es ging tatsächlich um Blumen, um Tulpen. Die Tulpenkrise ereignete sich im 17. Jahrhundert in den Niederlanden. Ein Gesandter des deutschen Kaisers in der Türkei verliebte sich in die Blume und brachte sie zunächst nach Augsburg, von wo aus sie schnell den Weg in die Niederlande fand. Allmählich wurde die Tulpe ein Beweis des sozialen Aufstiegs. Häuser wurden mit Tulpen verschönert, die eleganten Damen trugen sie als Schmuck zu ihren Kleidern. Es gehörte zum guten Ton, seltene Tulpen zu sammeln, die der Nachbar noch nicht hatte. Tulpen wurden zum Statussymbol. Die Tulpenhysterie dauerte einige Jahre. Jeder wollte mehr, schönere und vor allem seltenere Tulpen haben als alle anderen Bürger. Aufgrund der steigenden Nachfrage zogen die Preise an. Bald fingen die ersten Leute an, ihr Geld in Tulpenzwiebeln anzulegen, um von den steigenden Preisen zu profitieren. Große Umsätze lockten weitere Spekulanten an, die sich bis dato an der Amsterdamer Börse mit Aktien befasst hatten. Bald explodierten die Preise für Tulpenzwiebeln. Angeblich konnte man für den Preis von drei Tulpenzwiebeln damals ein komplettes Haus in Amsterdam kaufen. Jeder wollte dabei sein, schnell das große Geld machen. Irgendwann folgte der Nadelstich: Ein großer Kunde musste bei seinem Tulpenlieferanten feststellen, dass alle ihm präsentierten 350 Sorten bereits in großen Mengen auf dem Markt waren und den Reiz der Rarität verloren hatten. Daraufhin erkannten auch die Spekulanten die Tulpeninflation. Und plötzlich wollten alle ihre Zwiebeln verkaufen, doch es fanden sich keine Käufer mehr. Niemand wollte die wertlosen Dinger haben. Aufgrund der rückläufigen Nachfrage fielen die Preise rapide. Menschen, die gestern noch Tulpenmillionäre waren, verarmten vollkommen. Viele waren sogar verschuldet, weil sie sich Geld geliehen hatten, um bei dem todsicheren Ding dabei sein zu können.»

«Womit wir wieder beim Thema Gier wären ...», ergänzt Lara.

«So ist es», fahre ich fort. «Die Tulpenkrise hat gezeigt, was passiert, wenn man Schulden aufnimmt, um mit dem Geld zu spekulieren, oder Geld investiert, das man eigentlich nicht entbehren kann: Man kann in Abschwüngen nicht gelassen bleiben. Man bekommt Stress und Angst. Damit gehört man zu den Zittrigen. Was folgt, sind Panikverkäufe.»

«Okay, verstanden. Ich baue meine Schulden ab, meinen Notgroschen auf und investiere kein geliehenes Geld oder Geld, das ich zum Leben brauche. Schon gar nicht in todsichere Dinger, die mich über Nacht reich machen. Erstes G: Check! Was war das zweite G? Gedanken?»

«Genau: Hinter dem zweiten G, das für Gedanken steht, stecken letztendlich Überlegungen und Strategie. Was ist das Ziel bei der ganzen Sache? Möchtest du versuchen, schnell reich zu werden, um im Büro prahlen zu können? Oder möchtest du langfristig investieren und bleibst dann auch dabei? Möchtest du aktiv kaufen und verkaufen oder passiv als Buy-and-Hold-Anlegerin unterwegs sein? Zu Gedanken zähle ich auch Wissen. Man muss sich vorab Wissen über Börse und Aktien aneignen, die Risiken und Zusammenhänge verstehen. Viele denken, sie wüssten schon alles oder bräuchten die Details gar nicht zu kennen, und legen einfach los, ohne sich sonderlich viele Gedanken gemacht zu haben. Sie brechen die Regeln. Wenn man aber nicht weiß, warum man etwas tut, kann man nicht rational entscheiden, wenn etwas vermeintlich Unvorhergesehenes passiert – wie zum Beispiel ein kleiner Kursrutsch. Das dritte G ist die Geduld. Geduld ist vielleicht das Wichtigste an der Börse und der Mangel an ihr der häufigste Fehler. Wer keine Geduld hat, darf nicht einmal in die Nähe der Börse gehen, meint zumindest Kostolany. Und der muss es wissen. Die meisten Börsianerinnen geraten in Panik, wenn die Kurse fallen, und verkaufen alles. Ihnen fehlen Geduld und Nerven, die Abschwünge auszuhalten. Wie wir bereits festgestellt haben, folgt ein Aktienkurs kurzfristig dem Zufall. Diese Auf- und Abschwünge gilt es, mit Geduld zu überbrücken. Denn langfristig zeigt die allgemeine durchschnittliche Entwicklung der Aktienkurse nach oben. Aber, wie gesagt, nur in der langfristigen Betrachtung über Jahrzehnte. So langfristig muss man erst mal dabeibleiben. Als letztes G haben wir dann noch unser liebes Glück. Jede Anlegerin braucht definitiv eine Portion Glück. Denn politische Ereignisse, Kriege und Naturkatastrophen, aber auch Korruption, Betrügereien oder neue Erfindungen, die den Gang der Börsenkurse beeinflussen, kann man kaum bei Planung der Strategie berücksichtigen.»

Du brauchst die vier G, um eine Hartgesottene zu sein: Geld, Gedanken, Geduld und Glück.

«Wenn ich alle vier G habe, gehöre ich also zu den Hartgesottenen und nicht zu den Zittrigen. Dann habe ich eine Strategie und einen Plan, den ich verfolge. Das Risiko, in die Psychofalle zu tappen, ist also schon mal geringer, als wenn ich die vier G nicht hätte», resümiert Lara.

Ich sehe aber schon, dass da gleich noch eine Frage hinterherkommt.

«Aber die vier G schützen mich ja nicht vor Dingen wie dem Abgasskandal, der Lehman-Pleite oder Blasen. Oder?»

«Das ist richtig. Deshalb ist eines der vier G ja auch das Glück. Aber unabhängig davon sorgt das G wie Gedanken dafür, dass du gut vorbereitet bist und im Falle solcher Ereignisse nicht blind über die Straße rennst. Um die Auswirkung negativer, nicht vorhersehbarer Ereignisse abzufedern, braucht es ein breit diversifiziertes Portfolio. Also eine sehr kleinteilige Zusammensetzung deiner Investitionen. Das Zauberwort lautet Diversifikation. Oder: Niemals alle Eier in einen Korb legen. Denn wenn der eine Korb runterfällt, sind alle deine Eier kaputt. Der Abgasskandal ist ein schönes Beispiel. Angenommen, du hättest all dein Gespartes ausschließlich in VW-Aktien investiert ...»

«... dann wäre von heute auf morgen alles komplett weg gewesen.»

«Na ja, nicht komplett, denn die Aktie ist nicht auf null gerutscht und hat sich auch nach dem Schock wieder erholt. VW ist ja nicht insolvent. Aber der Wert deines Gesamtinvestments hätte sich vorübergehend dramatisch reduziert. Ein solch stark konzentriertes Investment in nur ein einziges Unternehmen, in eine Branche, in ein Land ist natürlich höchst risikoreich. Was wäre die Alternative?»

«In mehrere Unternehmen aus mehreren Branchen und mehreren Ländern investieren», schlägt Mama vor.

«100 Punkte! Ja, genau, man teilt seine Eier – also das gesamte Geld, das man investieren möchte – auf viele kleine Körbchen auf, anstatt alle in einen großen Korb zu legen. So streut man das Risiko durch eine breite Diversifikation.»

«Wie viele verschiedene Aktien sind denn genug Risikostreuung?»

«Je mehr, desto besser. Ein paar tausend wären gut», sage ich.

«Wie soll das denn funktionieren?! Damit bin ich doch Monate beschäftigt ...», klagt Lara.

«Es gibt Möglichkeiten, wie man sehr leicht in knapp zweitausend Unternehmen investieren kann, ohne jede Aktie einzeln kaufen zu müssen», beruhige ich sie.

Lege nie alle Eier in einen Korb, sondern diversifiziere.

«Was würdest du dir überhaupt von einer Anlage wünschen? Wie sollte sie sein? Bei deinem Autokauf hattest du ja auch

Kriterien, die dir wichtig waren. Was ist dir bei der Geldanlage wichtig? Dass sie wenig aufwendig sein soll, habe ich schon rausgehört. Was noch?»

«Genau, wenig Aufwand ist mir wichtig. Ich möchte mich nicht jeden Tag zwei Stunden um meine Aktien kümmern müssen. Und wenn ich dich so reden höre, würde ich natürlich das Risiko gerne breit streuen. Aber trotzdem soll alles überschaubar sein. Hunderte einzelne Aktien zu haben, klingt dann doch recht unübersichtlich. Flexibilität ist auch ein Faktor. Vielleicht ändern sich ja meine Pläne und Ziele in zehn oder schon in drei Jahren. Daher möchte ich jederzeit über das Geld verfügen können. Und die Anlage soll auch mit kleinen Beträgen möglich sein», erzählt Lara.

«Wie steht's denn mit der Performance?», frage ich.

Lara lacht und sagt: «Die darf natürlich auch gut sein!»

«Wenig Aufwand, überschaubar, flexibel und gute Performance», fasse ich zusammen und ergänze: «Außerdem sollte deine Anlage so wenig Gebühren wie möglich kosten. Diese Gebühren fressen nämlich deine Rendite auf, genau wie bei meiner Versicherung. Alles, was man an Gebühren zahlen muss, kann nicht investiert werden. Somit fehlen diese Beträge dem Zinseszins, der doch so gerne für uns arbeitet. Hier macht Kleinvieh verdammt großen Mist!»

«Das klingt nach der berühmten eierlegenden Wollmilchsau», kommentiert Mama ein wenig skeptisch.

«Ach, das kriegen wir schon hin. Null Problemo», sage ich optimistisch und klopfe Lara auf die Schulter.

Versuche jegliche Kosten zu vermeiden.
Sie klauen deine Rendite!

«Hast du schon mal von Fonds gehört?», frage ich sie.

«Joa, bestimmt. Aber ich habe keine Ahnung, was das ist.»

«Ein Aktienfonds ist quasi ein Korb, der mehrere Aktien beinhaltet. Indem du dir einen Anteil an diesem Korb kaufst, investierst du automatisch in alle Aktien, die in dem Korb liegen. Es gibt Fonds, die bestimmte Branchen abdecken – sie beinhalten beispielsweise die Aktien mehrerer Automobilhersteller. Manche decken auch die größten Firmen eines Landes ab, wieder andere mischen Aktien und Rohstoffe oder Immobilien. Da gibt es allerlei Varianten auf dem Markt. Der Vorteil von Fonds liegt auf der Hand: Mit nur einem Investment kann man sein Geld wunderbar streuen. Das ist einfacher, als selbst in die einzelnen Aktien zu investieren. Der Aufwand ist gering, das Risiko ist automatisch gestreut und das Ganze ist natürlich viel übersichtlicher, als selbst 300 einzelne Aktien verwalten zu müssen.»

Mark schmunzelt und sagt: «Wie bei diesen Partymix-Knabberboxen. Da kauft man eine Box und hat Salzstangen, Chips, Erdnussflips und so weiter direkt drin. Geringerer Aufwand, als mehrere Tüten zu kaufen. Man reduziert das Risiko, dass die Partygäste gar nichts mögen, und übersichtlicher für den Gastgeber ist es auch!»

«Und eine gute Performance ist garantiert, die Dinger sind nämlich lecker!», sagt Papa voller Überzeugung.

Eine ziemlich gute Analogie! Dass ich da nicht selbst draufgekommen bin ...

Ein Aktienfonds ist wie ein Knabber-Partymix: Mit nur einem Kauf bekommt man Anteile an mehreren Produkten.

Bevor eine Diskussion darüber ausbricht, ob Chips leckerer sind als Flips – und diese Diskussion würde ausbrechen –, erzähle ich lieber schnell weiter, was es mit Aktienfonds auf sich hat. «So, wie man Anlegerinnen in aktive Hin-und-her-Käuferinnen und passive Buy-and-Hold-Investorinnen einteilen kann, lassen sich auch Fonds grundsätzlich in zwei Lager aufteilen: aktive und passive Fonds. Um euch den Unterschied klarzumachen, muss ich kurz ein bisschen ausholen ... Ihr habt sicherlich schon mal vom Dax, dem deutschen Aktienindex, gehört. Der Dax bildet die durchschnittliche Entwicklung der 30 größten deutschen Unternehmen ab. Der Dax ist kein Fonds, keine Aktie, gar nichts in der Art. Er ist letztendlich nur eine Kurve, die den aktuellen durchschnittlichen Stand der 30 größten deutschen Unternehmen gebündelt anzeigt. Ein paar dieser Unternehmen sind beispielsweise Adidas, BASF, BMW, Commerzbank, Daimler, die Telekom, ProSiebenSat.1, Lufthansa, Siemens und VW. Wenn der Aktienkurs eines oder mehrerer dieser 30 Unternehmen steigt oder fällt, kann man das am Dax sehen. So ist der Dax logischerweise im Zuge des Abgasskandals gefallen, weil die Automobilaktien gefallen waren. Ergibt Sinn, oder?»

«Da hört man jeden Abend in den Nachrichten irgendwas zum Dax und weiß nie, was es damit auf sich hat. Dabei ist es so simpel», kommentiert Mama nachdenklich.

«Und was hat der Dax jetzt mit den Fonds zu tun?», fragt Lara ungeduldig.

«Wie schon gesagt, der Dax ist ein Index von vielen. Es gibt Indizes für verschiedene Länder, wie zum Beispiel den S&P 500, der die Entwicklung der 500 größten Unternehmen in den USA anzeigt. Oder den Eurostoxx50, der die 50 stärksten Unternehmen in ganz Europa abbildet. Manche Indizes schließen bestimmte Branchen aus, wie zum Beispiel der Eurostoxx ex Financials, in dem keine Finanzinstitute berücksichtigt werden. Wenn es etwas größer sein darf: Der MSCI World umfasst über 1600 Unternehmen weltweit und bildet deren durchschnittliche Entwicklung ab. Diese Indizes haben einfach nur die Aufgabe, die Entwicklung der entsprechenden Unternehmen gebündelt darzustellen. Mehr nicht.»

Ein Index bildet die durchschnittliche Kursentwicklung der von ihm eingeschlossenen Unternehmen ab.

«So, und nun kommen unsere aktiven und passiven Fonds ins Spiel. Bei den aktiven Fonds gibt es einen Fondsmanager, der durch Kaufen und Verkaufen aktiv versucht, besser zu sein als der Aktienindex, dem sein Fonds am nächsten ist. Da sitzt also meinetwegen Fondsmanager Schmidt und überlegt sich, dass er gern einen Fonds anbieten möchte, der die deutsche Wirtschaft abbildet, damit seine Kunden von der Entwicklung bestimmter deutscher Unternehmen profitieren, indem sie einen Anteil an seinem Fonds kaufen. Er will besser sein als der Dax, denn der Dax zeigt ja gerade einmal den Durchschnitt an. Und Durchschnitt ist für Herrn Schmidt nicht gut genug. Er entscheidet also, welche Unternehmen er in seinen Fonds aufnimmt und mit welcher Gewichtung. Vielleicht lieber eine Prise mehr Lufthansa und dafür weniger Adidas als im Dax? Je nach Marktgeschehen kauft Herr Schmidt Aktien für seinen Fonds und verkauft ein paar andere. So könnte es sein, dass er nach Bekanntwerden des Abgasskandals schnell alle VW-Aktien in seinem Fonds verkauft hat. Oder aber er hat neue VW-Aktien hinzugekauft, weil er die Erwartung hatte, dass VW das Kind schon schaukeln würde und er die Gunst der Stunde nutzen wollte, um günstig nachzukaufen. Der Knabber-Partymix von Herrn Schmidt ändert sich also alle naselang – je nachdem, ob er morgen mehr Chips oder Salzstangen für den idealen Mix hält. Immer in der Hoffnung, den Dax als Vergleichsindex schlagen zu können. Wie Herr Schmidt sich entscheidet, hat Einfluss auf dein Investment. Du hast einen Anteil an seinem Fonds erworben. Alles, was er tut, tut er mit deinem Geld und dem der anderen Anlegerinnen. Somit steigt oder fällt deine Rendite mit der des Fonds. Wenn unser lieber Schmiddi eine falsche Entscheidung trifft und der Fonds dadurch die Biege macht, verliert dein Investment an Wert. So war es doch bei dir, oder, Papa?»

«Ja, genau. Ich hatte damals für euch beide in einen Fonds investiert. Der war von einer dieser typischen Fondsgesellschaften, Debeka, DWS oder Allianz oder so. Leider ist der Fonds über mehrere Jahre nicht gut gelaufen. Irgendwann habe ich mit Verlust verkauft und euch beiden den Ausgleich aufs Sparbuch überwiesen. Ich habe die Entwicklung nicht weiterverfolgt», erzählt Papa.

Aktive Fonds versuchen, den Index zu schlagen.

«Während Herr Schmidt aktiv versucht, besser zu sein als der Index, wollen passive Fonds einfach nur genauso gut sein. Diese Fonds kopieren die Zusammensetzung eines Index. Die passiven Fonds werden, genau wie die aktiven auch, von einer Fondsgesellschaft aufgelegt. Die Fondsgesellschaft schaut also, welche Aktien in welchem Verhältnis im Dax vorhanden sind, baut dieses Konstrukt nach, macht ein Schleifchen drum und bietet diesen Knabber-Partymix zum Kauf an. Die Zusammenstellung der einzelnen Aktien ändert sich nur, wenn diese sich auch im Dax ändern. Und dafür gibt es wiederum genaue Kriterien, wann beispielsweise ein neues Unternehmen in den Dax aufgenommen wird, was nicht sehr häufig passiert. Weil sich der Fonds an der Zusammensetzung des Index orientiert, braucht es kein aktives Traden, denn der Index ändert sich nur hin und wieder. Folglich braucht es auch keinen aktiven Fondsmanager Schmidt. Daher werden diese Fonds als passiv bezeichnet. Wenn du also einen Anteil am passiven Dax-Knabber-Partymix kaufst, richtet sich deine Rendite nach dem Dax und nicht danach, ob ein Herr Schmidt meint, irgendwelche Aktien kaufen oder verkaufen zu müssen. Wenn der Dax steigt, steigt der Wert deines Investments. Wenn der Dax fällt, fällt auch der Wert deines Investments. Kein Herr Schmidt, nur der Index bestimmt über die Entwicklung deines Investments. Da diese Fonds jeweils einen Index nachbilden, nennt man sie Indexfonds. Solche Indexfonds, die an der Börse gehandelt werden, heißen ETFs – Exchange Traded Funds.»

«Ach, von diesen EFTs habe ich schon mal gehört!», sagt Mama. Sie hat die Buchstaben vertauscht. Was lustig ist, denn das ist mir ganz am Anfang auch passiert. Ich habe dann EFT gegoogelt und war ein wenig überrascht, auf etwas zu stoßen, das so rein gar nichts mit Finanzanlagen zu tun hat ...

ETFs sind passive Fonds, die einen Index nachbilden.

«Das klingt ja alles ganz wunderbar», sagt Lara. «Aber eine Sache verstehe ich noch nicht: Ein ETF bildet einen Index ab und entwickelt sich wie der Index. Und der Index wiederum spiegelt den Durchschnitt einiger Aktien. Warum sollte ich in einen Fonds investieren, der mir nur die Rendite des Durchschnitts bringt? Ist das nicht viel zu wenig? Vor allem, wenn Herr Schmidt besser ist als sein Index. Dann gehe ich doch zu Herrn Schmidt und freue mich über die bessere Rendite.»

«Tja ... das würde man meinen. Aber: Herr Schmidt ist nicht besser als der Index», entgegne ich.

«Aber du hast doch eben gesagt, dass aktive Fonds besser sind als der Index. Deswegen macht unser Schmiddi doch das ganze Tamtam», behauptet Mark.

«Nein, das stimmt nicht. Ich habe gesagt, dass er es versucht. Es wäre eigentlich seine Aufgabe, es zu schaffen. Aber er schafft es langfristig höchstwahrscheinlich nicht. Weil auch er nicht in die Zukunft blicken und die Kurse vorhersehen kann. Erinnert ihr euch noch an die Füchse und Igel? Am Ende können Experten genauso wenig bestimmte Kursverläufe prognostizieren wie wir als Nichtfondsmanager. Tatsächlich schafft es der überwiegende Teil der Fondsmanager nicht, ihren Vergleichsindex über einen nennenswerten Zeitraum zu schlagen, das belegen diverse Studien.[16] Und ich rede hier von 94 bis 96 Prozent der Fondsmanager ... Das bedeutet, dass aktive Fonds langfristig gesehen faktisch schlechter performen als der Index, also auch schlechter als ETFs, die den Index abbilden. Passiv schlägt aktiv, und zwar fast immer», erkläre ich. «Um auf deine Anfangsfrage zurückzukommen: Ein Argument gegen passives Investieren mit ETFs ist häufig, dass man sich mit der Durchschnittsrendite zufriedengeben muss. Allerdings ist diese Durchschnittsrendite das mögliche Maximum. Denn die Schmidts dieser Welt, deren Aufgabe es wäre, mehr Rendite als der Durchschnitt zu machen, und die jeden Tag daran arbeiten, es zu schaffen, bekommen es nicht hin. Von daher ist der Durchschnitt fast immer das Maximum; die langweilige Durchschnittsrendite ist ein super Ergebnis und fällt langfristig höher aus als die Erträge anderer privater Anlegerinnen, die aktiv investieren.»

«Okay, also besser nicht in aktive Fonds investieren?»

«Genau, besser nicht in aktive Fonds investieren. Die sind nämlich auch noch ziemlich teuer. So ein aktiver Fonds kann durchaus über zwei Prozent deiner investierten Summe kosten. Und zwar jährlich. ETFs kosten da eher um die 0,35 Prozent. Diese Kosten verursachen langfristig eine enorme Lücke. Ob du 10 000 Euro zu 0,2 Prozent oder zu zwei Prozent jährlicher Gebühren anlegst, macht auf 30 Jahre gerechnet einen Unterschied von fast 10 000 Euro. So viel zum Kleinvieh ...», sage ich.

«Kerlo Kiste», sagt Mama ein wenig entsetzt. Das ist ihre jugendfreie Version von «WTF?!».

«Das sehe ich auch so, Mama. Diese hohen Kosten sind am

Ende mitverantwortlich für die Renditelücke zwischen aktiven und passiven Fonds. Auch hier lohnt es sich wieder, hinter die Kulissen zu schauen. In den Verkaufsunterlagen von aktiven Fonds wird gerne mit der Brutto-Rendite des Fonds geworben. Dort ist dann von fünf oder auch sieben oder neun Prozent die Rede. Allerdings sind hier die ganzen Kosten noch nicht abgezogen. Bei den zwei Prozent pro Jahr bleibt es meist nicht. Es kommen noch Aufschläge und Abschläge dazu.»

«Aber wenn aktive Fonds schlechter sind als passive und auch mehr Gebühren kosten, warum investieren dann immer noch Menschen in aktive Fonds? Warum nimmt dann nicht jeder einen ETF?», fragt Mama.

«Da schließt sich der Kreis zu meiner Versicherung: Weil Ahnungslose genau diese Fonds von ihren ‹unabhängigen› Beratern empfohlen bekommen», erkläre ich.

«Lass mich raten», ruft Lara. «Sie bekommen eine Provision, wenn man in die von ihnen angepriesenen aktiven Fonds investiert?»

«Bingo!», sage ich und strecke meine Hand in die Luft, sodass Lara einschlagen kann.

Sie gibt mir High five und freut sich, dass sie das System durchschaut hat.

ETFs performen langfristig besser als aktive Fonds – auch aufgrund der geringeren Kosten.

«ETFs eignen sich hervorragend für unser Vorhaben, langfristig, breit gestreut, kostengünstig und mit wenig Aufwand zu investieren. Du suchst sie dir einmal aus und investierst regelmäßig in sie. Du lässt den Zinseszins schön für dich arbeiten und schaust zu, wie du Stück für Stück ein kleines Vermögen aufbaust. Da deine Anlagestrategie passiv ist – du also nicht aktiv handelst –, brauchst du dich die nächsten 30 Jahre nicht mehr als circa eine Stunde pro Jahr damit beschäftigen und dir keine Sorgen um die Psychofalle machen. Wichtig ist nur, dass dein ETF-Portfolio, also deine Zusammensetzung, so breit wie möglich diversifiziert ist», erkläre ich und sage weiter: «Am besten über mehrere tausend Unternehmen, die über die ganze Welt verteilt sind. Ich hatte vorhin den MSCI World Index erwähnt. Dieser bezieht sich auf über 1600 mittelgroße und große Unternehmen aus 23 Industrienationen weltweit. Unternehmen aus den USA, Kanada, Österreich, Deutschland, Frankreich, Großbritannien, Australien, Japan, Neuseeland und noch einige mehr sind darin vertreten. Einige der bekanntesten Aktien, die der MSCI World abbildet, sind Apple, Microsoft, Amazon, Facebook, Johnson & Johnson und die Bank of America. Ihr seht also: viele Länder, viele Unternehmen, viele Branchen. Wie sehr würde sich wohl ein Ereignis wie der Abgasskandal auf den gesamten Kurs des MSCI World auswirken? Die Auswirkungen wären gering. Jedenfalls deutlich geringer als auf den Dax. Denn im MSCI World wäre VW eins von über 1600 Unternehmen – nicht 30 –, und die übrigen Unternehmen würden den Kurssturz vermutlich ausgleichen. Der Anteil eines einzelnen Unternehmens, einer bestimmten Branche, sogar einer ganzen Wirtschaftsnation ist durch die Anzahl der Unternehmen viel geringer. Und somit auch ihr Einfluss auf den Gesamtverlauf dieses Index. Aber man kann noch weiter diversifizieren. Denn der MSCI World deckt nur die Industrieländer ab. Wenn wir die ganze Welt abbilden möchten, fehlen noch die Schwellenländer: China, Südkorea, Taiwan, Indien und andere. Auch hierfür gibt es Indizes. Beispielsweise den MSCI Emerging Markets, der über 800 mittelgroße und große Unternehmen wie Samsung und Alibaba aus 24 Schwellenländern berücksichtigt. Wichtig ist zu wissen, dass Investitionen in Schwellenländer-Aktien mit mehr Risiko einhergehen als solche in Aktien aus Industrieländern.»

«Logisch. Man weiß nicht, wie sich diese Länder entwickeln, sie stehen eben an der Schwelle. Sie sind politisch nicht so stabil, sie sind erst auf dem Weg dazu, Industrienationen zu werden. Die Bevölkerungen wachsen, aber die Bildungssysteme kommen oft nicht hinterher. Die Löhne werden nicht ausreichend angepasst, die Arbeitsbedingungen sind grottenschlecht, es kommt zu Streikwellen. Zudem sind viele dieser Nationen extrem abhängig von ihren Rohstoffexporten. Wenn die, aus welchem Grund auch immer, mal ausbleiben, haben einige Schwellenländer ein Problem», ergänzt Papa.

Investitionen in Unternehmen aus Schwellenländern sind risikoreicher als Investitionen in Unternehmen aus Industrienationen.

«Wenn man also sein Geld im MSCI World und im MSCI Emerging Markets anlegt, investiert man in die ganze Weltwirtschaft?», fragt Mark.

«In den Index an sich kannst du ja nicht investieren. Du brauchst einen ETF, der den Index nachbildet. Aber der Grundgedanke ist richtig, ja. Wenn du in einen ETF investierst, der den MSCI World oder den MSCI Emerging Markets nachbildet, partizipierst du mit deinem Investment an der Entwicklung der über 2000 stärksten Unternehmen weltweit. Ob du das machen möchtest oder lieber eine andere Strategie verfolgst, musst du selbst entscheiden. Das ist nur ein Weg von mehreren, den man gehen kann», erkläre ich. «Wenn du noch breiter diversifizieren möchtest, könntest du noch Immobilien und Rohstoffe mit dazunehmen. Es gibt zum Beispiel ETFs, die die Preise verschiedener Rohstoffe abbilden. Zuerst musst du dir also überlegen, welchen Index du abbilden möchtest, zum Beispiel den MSCI World. Es gibt verschiedene ETFs von verschiedenen Anbietern auf dem Markt, die den MSCI World abdecken. Sie unterscheiden sich zum einen in den jährlichen Kosten und auch darin – und das ist mit das wichtigste Kriterium überhaupt –, dass manche ihre Gewinne an die Anlegerinnen ausschütten und manche diese Gewinne direkt wieder in den Fonds investieren. Da wir uns aktuell in der Ansparphase befinden und wir wollen, dass unser Geld sich so gut es geht vermehrt, und wir es nicht auf dem Konto brauchen, um es auszugeben, wollen wir in ETFs investieren, die die Gewinne automatisch wieder für uns investieren. So nutzen wir den Zinseszins voll aus und müssen nichts weiter tun, um die Gewinne neu zu investieren. Das geschieht ganz automatisch. Solche Fonds nennt man übrigens thesaurierende Fonds. Das Gegenteil davon wären ausschüttende Fonds.»

Du kannst mit nur zwei ETFs die gesamte Weltwirtschaft abbilden.

«Du sagst, dass der Trend zwar langfristig nach oben geht, aber es zwischendurch auch immer zu Krisen kommen wird. Was tue ich denn, wenn genau dann eine Krise im Anmarsch ist, wenn ich in Rente gehen möchte? Ist dann nicht mein ganzes Geld weg?», möchte Lara wissen.

Mama nickt, so als ob ihr dieselbe Frage durch den Kopf gegangen ist.

Tatsächlich taucht diese Frage auch oft in meinen Seminaren auf. Die Antwort ist recht simpel: So, wie du 30 Jahre lang dein Vermögen Stück für Stück aufbaust, schöpfst du nach Renteneintritt auch Stück für Stück die Renditen ab. Du musst nicht dein gesamtes Geld an einem Stichtag zur Verfügung haben, sondern jeden Monat die Erträge deines Gesamtbetrages. Dass es dabei zu Schwankungen kommen kann, ist klar. Es könnte sein, dass du im Dezember 2043 mehr Geld durch deine Investments bekommst als im April 2044. Aber die Wahrscheinlichkeit, dass dein komplettes Vermögen am Tag X weg ist, ist äußerst gering.

Und das sage ich auch den beiden. Sie scheinen es nachvollziehen zu können.

«Aha, verstehe», bestätigt Lara meine Vermutung.

«Und wenn der Zeitpunkt gekommen ist, was tue ich dann? Es muss ja dann monatlich Geld auf meinem Konto landen, damit ich damit meine Rente aufbessern und es zum Leben nutzen kann. Dann will ich es ja ausgeben. Muss ich dann meine Anteile Monat für Monat verkaufen, oder wie läuft das?»

«Das wäre eine Möglichkeit, ja. Die ist aber nicht so schön, weil du dann deine Gans tötest.»

«Meine Gans?»

«Ja, deine Gans, die goldene Eier legt. Dazu gibt es eine schöne Fabel von dem griechischen Dichter Aesop. Sie handelt von einem armen Bauern, der nicht viel mehr als einen kleinen Stall und ein paar Gänse besaß. Eines Morgens bemerkte er, dass seine Lieblingsgans ein ganz besonders Ei gelegt hatte: ein goldenes. Er dachte zunächst, es handele sich um eine Täuschung oder einen Scherz. Doch es stellte sich heraus, dass das Ei tatsächlich aus purem Gold bestand. Der Bauer konnte sein Glück kaum fassen. Als er den Stall am nächsten Morgen betrat, um nach den Gänsen zu sehen, traute er seinen Augen nicht: Noch ein goldenes Ei! Von da an legte seine Lieblingsgans jeden Tag ein dickes goldenes Ei. Der Bauer verkaufte die Eier und wurde sehr schnell sehr reich. Doch er wurde gierig. Ein Ei am Tag reichte ihm nicht mehr. Das dauerte ihm alles viel zu lang. Er wollte alle Eier sofort haben – auf der Stelle. Um an alle goldenen Eier zu gelangen, beschloss er, die Gans zu schlachten. Doch der Bauch der toten Gans war leer. Kein einziges goldenes Ei – und keine Chance auf weitere. Er hatte den großen Fehler gemacht, seine Gans, die ihm goldene Eier legte, zu töten», erzähle ich.

«Schön doof», findet Mark.

«Wenn ich deinen kleinen Ausflug in die Welt der Fabeln richtig deute, sollte ich also mein Vermögen nicht aufbrauchen», sagt Lara.

«Korrekt. Du lässt deine Gans schön in Ruhe. Die Gans ist dein angesammeltes Vermögen, dein Endwert, wie wir ihn genannt haben, als es um dein finanzielles Ziel ging. Die goldenen Eier stehen für deine Gewinne aus deinem Endwert. Das sind zum einen die Kursgewinne der ETFs und zum anderen die Dividenden, die Unternehmen als Dankeschön für dein Investment an dich auszahlen. Wenn du anfangen würdest, deine ETFs Stück für Stück zu verkaufen, würdest du deinen Gesamtbetrag, auf den deine Gewinne anfallen, stets reduzieren. Du würdest deine Gans langsam und qualvoll töten. In der Folge werden die goldenen Eier immer kleiner. Du erinnerst dich, dass fünf Prozent von 100 000 Euro weniger sind als fünf Prozent von einer Million?» Lara nickt.

«Du willst fünf Prozent auf dein Konto bekommen und die sollen in absoluten Zahlen möglichst viel sein. Wenn du Stück für Stück etwas von deiner Million wegnimmst, schrumpfen natürlich die fünf Prozent. Dann sind fünf Prozent irgendwann nicht mehr 50 000 Euro, sondern nur noch 500 Euro. Außerdem würdest du der Nachwelt kein Erbe hinterlassen, denn die Kohle wäre irgendwann aufgebraucht. Was auch sehr doof wäre: Wenn das Geld aufgebraucht wäre, du aber noch ein paar Jahre zu leben hättest und daher einzig auf deine Rentenversicherung angewiesen wärst», sage ich. «Besser ist Folgendes: Wie schon gesagt, investiert man in der Ansparphase in thesaurierende Fonds, also solche, die Dividenden direkt wieder reinvestieren. Sobald du aber das Geld zur freien Verfügung auf deinem Konto brauchst, schichtest du von thesaurierenden auf ausschüttende Fonds um. Die Dividenden werden dir nun ausgezahlt. Wenn die Dividenden alleine nicht reichen, kannst du sicherlich Stück für Stück Anteile verkaufen. Aber immer nur so viel, dass deine goldenen Eier tendenziell nicht kleiner werden. Wenn dein Endwert eine Million sein muss, um dein finanzielles Ziel zu erreichen, solltest du dafür sorgen, dass diese Million nicht durch Abschöpfungen weniger werden. Sicherlich wird es in deinen knapp 30 Rentenjahren auch Phasen geben, in denen dein Endwert aufgrund von Kursabschwüngen vorübergehend weniger wird oder in denen die Gewinne nicht ausreichen. Das ist auch okay. Aber die Grundeinstellung sollte sein, dass du deine Gans nicht anfasst», sage ich.

Töte nie deine Gans, die goldene Eier legt.

Lara sieht überzeugt aus. «Das klingt in der Tat alles recht simpel, finde ich. Was mir vor allem gefällt: Wenn man einmal alles gemacht hat, läuft es quasi von alleine. Ich dachte immer, Geldanlagen wären total stressig und man müsste ständig irgendwas umschichten, kaufen, verkaufen, beobachten und so weiter. Aber so ist es gar nicht. Im Gegenteil: Ich komme besser dabei weg, wenn ich es nicht tue, sondern passiv investiere. Ich werde quasi fürs Faulsein belohnt! Hier ist mehr Faulsein gut!», resümiert sie und lacht dabei.

So macht Geldanlage Spaß.

Deine Challenge

Das war ganz schön viel Stoff. Deine Challenge ist daher recht simpel: Geh eine Runde spazieren und lasse die Informationen sacken. Lies das Kapitel oder einige Stellen erneut. Und dann schreibst du heute Abend in dein Finanzjournal unter «Das habe ich heute gelernt»: «Wie Börse, Aktien und ETFs funktionieren» und klopfst dir dabei dreimal auf die Schulter. Gut gemacht! Wenn du noch mehr über ETFs erfahren möchtest, du wissen willst, wie du geeignete ETFs für dich auswählst und schließlich anhand eines simplen Systems ohne viel Aufwand investierst, solltest du einen Blick in meinen Online-Kurs werfen, in dem ich dir anhand kurzer Videos genau zeige, wie das alles im Detail funktioniert.

MEINE FINANZIELLE TRANSFORMATION: MONIKA, 51, TEILZEITANGESTELLTE UND MUTTER

Liebe Monika, kannst du kurz deine finanzielle Ausgangssituation und deinen Status quo in finanzieller Hinsicht beschreiben?

Ich beginne im Jahr 2014: Ich war 47 Jahre alt, seit 25 Jahren mit meinem Mann (47) zusammen, seit 20 Jahren verheiratet und lebte mit ihm und unseren beiden Töchtern (19 und 17) im gemeinsamen Eigenheim, das wir noch finanzierten. Mein Mann arbeitete Vollzeit und ich 60 Prozent Teilzeit, um unsere Familie zu versorgen und das Haus abzubezahlen. Weil mein Mann eine chronische Krankheit hat, mussten wir finanziell oft kämpfen. Als er während eines beruflichen Wechsels wieder krank wurde, lebten wir zweieinhalb Jahre ohne sein Gehalt und ohne irgendwelche finanziellen Ansprüche. In meinem Job konnte ich nicht aufstocken; ein Wechsel kam nicht in Frage, weil ich einen unbefristeten Arbeitsvertrag hatte. Wir lebten in diesen Jahren von meinem Einkommen, Zuwendungen der Eltern – sie finanzierten uns eine neue Heizung – und unserem bis dahin Gesparten. Wir hatten zu diesem Zeitpunkt ein Nettoeinkommen von 1200 Euro plus 380 Euro Kindergeld und je nach Bedarf 1000 bis 1500 Euro vom Sparbuch. Unsere Darlehen für das Haus mussten mit 520 Euro pro Monat abgezahlt werden.

Im Sommer 2014 starben meine Eltern und hinterließen mir

und meinem Bruder Vermögen in Geldwerten, ein Einfamilienhaus und ein erschlossenes Baugrundstück. Mein Mann hatte mittlerweile wieder eine Vollzeitstelle gefunden. Nach der Durststrecke sah plötzlich alles wieder nach einer perfekten, finanziell unbeschwerten Zukunft aus. Wir hatten insgesamt etwa 4000 Euro netto plus Kindergeld und einen Depotbestand von ca. 80 000 Euro. Dazu kamen die Hälfte des Hauses meiner Eltern (250 000 Euro), die Hälfte des Baugrundstücks (ca. 30 000 Euro) und das eigene Haus (Wert ca. 300 000 Euro; Darlehensschulden ca. 50 000 Euro).

Du warst also wieder in einer soliden finanziellen Situation. Warum kam es danach trotzdem zu Problemen – und wie bist du damit umgegangen?

Im März 2015 entschied sich mein Mann für ein Leben ohne uns und zog im September aus: Der kurze Aufwind war mit einem Schlag vorbei. Ich war nicht nur mit dem Erbe meiner Eltern beschäftigt – ich musste wegen der Trennung auch sehr schnell mein Vermögen auf den Konten und Depots absichern. Bislang hatten wir zwei gemeinsame Konten; nun eröffnete ich ein eigenes und entzog meinem Mann die Vollmacht für das bestehende Depotkonto. Zum Glück passierte das alles vor dem Verkauf meines Elternhauses, das mein Bruder und ich nicht halten konnten. Im November 2015 habe ich mit meinem Mann einen notariellen Trennungs- und Scheidungsvertrag geschlossen: Darin haben wir auf finanziellen Ausgleich wie nachehelichen Unterhalt und Versorgungsausgleich verzichtet. Ich habe meinem Mann das halbe Haus abgekauft und lebe nun mit meinen Töchtern darin. Bei der Scheidung im Juni 2016 waren beide volljährig und in der Ausbildung.

Inzwischen arbeite ich 85 Prozent. Somit verdiene ich 500 Euro mehr und damit netto 1900 Euro; dazu kommen 380 Euro Kindergeld, ein Haus, ein Depotbestand von 80 000 Euro und Tagesgeld in Höhe von ca. 50 000 Euro. Ich muss jetzt allein für mich und, wenn nötig, auch für meine Kinder sorgen.

Durch die Entscheidung deines Mannes warst du gezwungen, deine Finanzen selbst in die Hand zu nehmen. Mit was musstest du dich nun (neu) beschäftigen?

Meine Eltern leben ja nicht mehr, und von meinem Exmann haben meine Kinder finanziell nicht viel zu erwarten. Ich musste also anfangen, mich mit finanziellen Themen zu beschäftigen, damit das Vermögen nicht zu sehr schrumpft und ich es aufbauen oder zumindest halten kann: Meine Kinder sollen später mal nicht für meine Pflege aufkommen müssen. Ich bin einfach gerne selbständig und sorge für mich und meine Kinder. Es ging also vor allem darum, das Depot zu ordnen, die vorhandenen Depotwerte zu prüfen und gegebenenfalls zu verkaufen bzw. neue zu kaufen.

Wie bist du bei deiner finanziellen Transformation vorgegangen? Hast du dir neue Verhaltensmuster angewöhnt oder bestimmte Regeln für den Umgang mit Geld? Und hattest du ein konkretes Ziel?

Meine Transformation sah so aus: Ich habe überlegt, wie ich den Bestand halten und mit meinem Einkommen so viel wie möglich abdecken kann. Schon während unserer Ehe hatten wir die Ausgaben / Einnahmen und den Vermögensbestand in einer Excel-Tabelle geführt. Nun habe ich mir unsere Darlehen vorgenommen und konnte eines davon bereits zurückzahlen.

Bei dem anderen Darlehen gibt es die Möglichkeit leider nicht. Es ist mit 4,5 % verzinst; einmal im Jahr ist eine Sonderzahlung möglich. Die habe ich 2016 genutzt, um das Darlehen bis zum Jahr 2020 statt 2023 abzuzahlen – das bedeutet eine Kosteneinsparung von bis zu 9000 Euro.
Außerdem habe ich mir die Versicherungen angeschaut: Die Versicherungsbedingungen waren alt und nicht mehr zeitgemäß; auch meine eigene Absicherung in Richtung Pflege, Altersversorgung, Berufsunfähigkeit, Rente und zusätzlicher Krankenversicherung stand an.
Am Anfang wusste ich nicht, wie ich vorgehen sollte. Nachdem ich mich im Bekanntenkreis umgehört hatte, wurde mir eine unabhängige Finanzberatung in Mannheim empfohlen. Mit ihrer Hilfe habe ich in vielen Gesprächen ein ganz gutes Gefühl entwickelt.

Was waren die größten Herausforderungen in dieser Zeit?

Die größte Herausforderung war es, sich mit den Themen zu beschäftigen, die eigentlich nebenherlaufen sollten. Außerdem hatte ich nicht viel Ahnung von Finanzthemen: Mein Exmann war in diesen Dingen der Experte, und meine Eltern konnten mir traurigerweise keinen guten Rat mehr geben. Ich habe mich sehr einsam und hilflos gefühlt. Die Entscheidung, mit der Finanzberatung zusammenzuarbeiten, ist mir schwergefallen und brauchte viele Termine. Aber ich habe festgestellt, dass es gemeinsam viel leichter fällt.
Und dann gab es im Januar 2017 noch diesen schrecklichen Sturm: Er hat das Gartenhaus, das gerade in unserem Garten gebaut wurde, aus der Verankerung gerissen und an ein parkendes Auto geknallt. Kostenpunkt: 10 000 Euro. Wegen ver-

alteter Versicherungsbedingungen kam meine Wohngebäudeversicherung nicht dafür auf. Aber glücklicherweise hat meine Haftpflicht den Schaden reguliert.

Was sind deine wichtigsten Erkenntnisse aus dieser Erfahrung?

Habe als selbständige, berufstätige Frau immer deine Finanzen unter Kontrolle und führe deine eigenen Konten – egal, in welcher Lebenssituation. Gib niemals die Verantwortung an deinen Partner ab. Sichere dich selber ab, geh am besten niemals in Erziehungsurlaub und gib auch niemals eine gut bezahlte Stelle auf. Durch meine Teilzeittätigkeit wird meine Rente mit Sicherheit nicht hoch ausfallen – obwohl der Finanzberater sagt, sie wird immerhin höher als der Durchschnitt sein. Deswegen bin ich inzwischen der Meinung, dass man als emanzipierte, gut ausgebildete Frau immer berufstätig bleiben und die Kinder in eine Vollzeitbetreuung geben sollte.

Oft ist es ja so, dass sich Änderungen in einem Lebensbereich auf andere übertragen. War das bei dir auch so? Welche Auswirkungen hatte dein finanzieller Wandel?

Ich habe, ohne es geplant zu haben, 20 Kilo abgenommen. Außerdem kann ich mir nun mehr Reisen erlauben und es meiner Seele gutgehen lassen. Ich weiß, dass ich nicht alleine alt werden möchte – aber mein zukünftiger Partner muss finanziell mindestens gleichgestellt sein und seinen Lebensunterhalt selber verdienen. Ich werde niemanden mehr finanzieren und durchfüttern; die Zeiten der Entbehrung waren lang genug. Emotional bin ich durch den Tod meiner Eltern noch immer empfindlich, aber ich sehe den Rest der Familie sehr regelmäßig. Mein neuer Sinn im Leben ist meine Freiheit.

Wie siehst du deine finanzielle Situation in zehn Jahren, was sind deine Ziele?

Meine Töchter wohnen noch im Haus und werden vermutlich in zwei, drei Jahren ausziehen. Unser Haus mit seinen 150 Quadratmetern und dem 450-Quadratmeter-Grundstück werde ich auf keinen Fall auf Dauer alleine bewohnen und bewirtschaften: Es ist einfach ein Haus für eine Familie mit Tieren.

Ich stelle mir vor, dass ich das Haus in zehn Jahren vielleicht an eine meiner Töchter vermietet habe. Und ich lebe dann entweder mit meinem Freund in einer Wohngemeinschaft oder in einer eigenen Wohnung.

Welche Tipps hast du noch für Frauen, die auch etwas ändern wollen?

Ich erlebe um mich herum, dass viele Frauen bei ihren Männern bleiben, weil sie finanziell keine Möglichkeit haben, zu gehen, und deswegen vieles erdulden. Mein Tipp: Niemals die eigene Unabhängigkeit aufgeben, immer selbständig bleiben, um gehen zu können, wenn es überhaupt nicht mehr geht.

Done is better than perfect

Leitsatz aus der Start-up-Branche

DESSERT UND SPARPLAN

Warum ETFs keine Wundermittel sind – Wie du risikolos mit Spielgeld investieren kannst – Weshalb Immobilienmakler immer drei Objekte zeigen – Wie du nachhaltig investieren kannst, warum Finanzmanagement wie Autofahren ist und was das alles mit dem Puddingfetisch meiner Schwester zu tun hat

Während die anderen den Brocken an Informationen verdauen und über Knabbermix-Boxen diskutieren – ich habe dich gewarnt, dass es so kommen würde – bin auch ich endlich satt. Fast. Denn das Beste kommt erst noch: Nachtisch! Lara rennt los, um das Puddingblech zu holen. Puddingblech? Ja, Puddingblech. Du musst wissen, dass meine Familie in Sachen Essen manchmal ein wenig komisch sein kann. Wir lieben Pudding. So weit, so gewöhnlich. Allerdings stehen Lara und Papa total auf diese feste Schicht, die sich während des Abkühlens auf der Oberfläche des Puddings bildet. Bei uns heißt das Puddinghaut. Vor einigen Wochen hatten die beiden wohl Langeweile und haben sich überlegt, wie sie zu maximaler Puddinghaut gelangen. Was muss man tun, um möglichst viel Puddinghaut zu bekommen? Richtig, die Oberfläche maximieren. Was ist das Küchenutensil mit der größten Fläche? Ganz genau, ein Backblech. Gibt es bei uns daher Pudding vom Backblech? Absolut! Ist das komisch? Wie gesagt: Ja, ein bisschen! Wenn du nun allerdings eine Analogie zu Finanzen erwartest, muss ich dich leider enttäuschen. Diese kleine Anekdote ist eher als Tipp an die Puddinghaut-Freaks gedacht. Aber zurück zum Thema.

Als Lara versucht, mit einem Pfannenheber Puddingstücke auszustechen, möchte Mark von mir wissen, wo der Haken bei der ganzen Sache ist.

«Also, ich traue dem Braten noch nicht so ganz. Sind ETFs jetzt das Wundermittel, oder wie?», fragt er.

«Das sicherlich nicht. ETFs haben ähnliche Nachteile wie andere Fonds auch. Zum einen gibt es den Kritikpunkt, dass man bei Fonds nicht wirklich etwas in der Hand hat. Das stimmt. Wenn du einzelne Aktien kaufst, wirst du zur Hauptversammlung eingeladen und kannst bestimmte Entscheidungen als Investorin durch deine Stimme beeinflussen. Das ist bei Fondsprodukten nicht der Fall. Zum anderen kosten ETFs, wie auch aktive Fonds, jährlich Geld. Das ist bei einzelnen Aktien nicht der Fall. Eine Aktie kaufst du einmal und hältst sie dann, ohne weitere Gebühren dafür zu bezahlen. Allein Kauf und Verkauf kosten Gebühren. Und noch ein Punkt: Letztendlich sind Fonds Finanzprodukte, die sich jemand ausgedacht hat, um diese zu verkaufen und damit Geld zu verdienen. Am Geldverdienen ist nichts verwerflich, aber dennoch steht bei Fonds immer ein Geldinstitut zwischen mir und den Unternehmen, in die ich investiere. Das fühlt sich anders an, als wenn ich ganz direkt eine Aktie eines Unternehmens kaufe. Bei einem Fonds verdient die Bank immer mit. Aber letztendlich stellt sich die Frage nach den Alternativen. Aktive Fonds haben die gleichen Nachteile und sogar noch einen extremen Kosten- sowie Performance-Nachteil. Also doch in einzelne Aktien investieren? Dann fehlt die Diversifikation, und man hat, wenn man es richtig machen will, einen großen zeitlichen Aufwand, die passenden Unternehmen herauszufiltern. ETFs sind sicherlich nicht perfekt, aber für uns als Privatanlegerinnen dennoch die beste Möglichkeit, relativ entspannt ein Vermögen aufzubauen ... Ach, und es gibt noch einen Nachteil: Passives Investieren, also eine langfristige Buy-and-Hold-Strategie mit ETFs, ist echt langweilig. Man kann damit nicht so toll prahlen wie mit Tesla-Aktien.» Hier muss ich kurz schmunzeln, verfalle dann aber gleich wieder in den Erklärmodus. «Natürlich gibt es noch viel, viel mehr und super komplizierte Produkte, Strategien und Möglichkeiten. Genau wie der Geländewagen beim Thema Auto keine Rolle für Lara gespielt hat, sind die meisten einfach nicht relevant, wenn man nur langweilig langfristig ohne viel Aufwand und Stress investieren möchte. Klar, man hat nie die Topstory im Büro, man kann nicht mit den großen Gewinnen prahlen, die man den eigenen Fähigkeiten verdankt. Aber man muss immerhin auch nicht die großen, selbst verschuldeten Verluste verheimlichen. Man investiert einfach stumpf in den Index, nimmt die Durchschnittsrendite mit und ist glücklich, das Maximum bei minimalem Aufwand zu erreichen. Und zwar kontinuierlich. Man gewinnt. Dennoch gibt es auch schwarze Schafe unter den ETFs. Nicht alle ETFs sind für unseren Zweck geeignete Investments. Manche Indizes sind sehr eng gefasst und somit auch die ETFs, die diese Indizes nachbilden. Ein Index, der nur den europäischen Automobilmarkt abbildet, ist natürlich nicht ausreichend diversifiziert, um damit langfristige Altersvorsorge zu betreiben. Zu wenige Länder und nur eine einzige Branche. Wenn die den Bach runtergeht, geht deine Rente gleich hinterher. Daher: schön breite Indizes wählen. Außerdem bekommen die Marketingabteilungen der Banken so langsam mit, dass sich ETFs großer Beliebtheit unter Privatanlegern erfreuen. Auf den Zug wollen sie natürlich aufspringen und erfinden irgendwelche hirnrissigen Produkte, wie zum Beispiel aktiv gemanagte ETFs. Das ist ein Widerspruch in sich. Entweder das Ding ist ein aktiver Fonds oder ein passiver. Aber nicht ein aktiver passiver. Es handelte sich hierbei natürlich um eine kleine Falle für alle, die irgendwo mal gehört haben, man solle in ETFs investieren, und sich nicht weiter mit der Thematik auseinandersetzen. Die lassen sich dann aufgrund ihrer Ahnungslosigkeit vom örtlichen Bankberater ein Investment aufschwatzen. Auch hierbei lohnt es sich, kurz zu überlegen, wem es nützt, wenn ich ein bestimmtes Produkt kaufe. Und auch, von wem welche Kritik in den Medien geübt wird. Preisfrage: Warum wettern manche Fondsgesellschaften gegen ETFs?»

Kurze Pause. Alle überlegen. Bis natürlich die kleine Streberin die Antwort gibt: «Weil sie aktuell mit aktiven Fonds ihr Geld verdienen. An ETFs verdienen sie vermutlich weniger, weil ETFs weniger Gebühren kosten als aktive Fonds!», sagt Lara.

Eine weiteres High five ist mehr als angebracht.

«Okay, aber jetzt Butter bei die Fische. Wie komme ich an so einen ETF ran, kann ich das überhaupt alleine?», möchte Mama wissen.

«Na klar kannst du das. Dafür brauchst du ein Depot bei

einem Broker. Ein Broker ist eine Bank mit Zugang zur Börse, und ein Depot ist quasi ein Konto für Aktien, wo du deine Kaufaufträge eingibst. Am besten suchst du dir eine Online-Bank, die sind günstiger als Hausbanken oder Sparkassen.[17] Ein Depot kannst du online beantragen und musst dich dann mittels Postident-Verfahren ausweisen. Bei einigen Banken geht das inzwischen sogar auch schon online per Webcam. Dann kann's auch schon losgehen. Aber bitte Vorsicht. Technisch ist es total leicht, mal eben in ein, zwei ETFs zu investieren. Das ist mit wenigen Klicks schnell erledigt. Was aber essenziell ist: Du brauchst eine Strategie. Was ich euch bis hierhin erzählt habe, ist die absolute Basis und noch lange nicht ausreichend. Ihr müsst euch schon noch intensiver mit der Materie auseinandersetzen und für euch persönlich Ziel und Strategie erarbeiten. Erst dann geht's ans Investieren. Wenn du später so weit bist, ist es am einfachsten, wenn du online einen sogenannten Sparplan einrichtest. Dann passiert alles nämlich ganz automatisch. Du teilst deinem Broker mit, welchen Betrag du in welche ETFs und in welchem Intervall investieren möchtest. Zum Beispiel 25 Euro pro Monat in ETF 1 und 25 Euro pro Monat in ETF 2. Diese ETFs sollen immer am Ersten des Monats gekauft werden. Das macht dein Broker dann ganz automatisch, quasi wie bei einem Dauerauftrag. Der Vorteil liegt darin, dass der Sparplan immer ausgeführt wird, egal wie die Kurse stehen. Wir Menschen tendieren dazu, eher irrational zu handeln. Daher kann es schwerfallen, auf ‹Kaufen› zu klicken, wenn das Depot in den roten Zahlen steckt. Ein Sparplan übernimmt das für dich, und du profitierst von den günstigen Preisen, wenn die Kurse niedrig sind. Außerdem sparst du dir die knapp fünf Euro, die bei einer normalen Transaktion anfallen würden. Die erheben die meisten Broker nämlich bei einem Sparplan nicht», erkläre ich.

Ein Sparplan ist wie ein Dauerauftrag für dein Depot.

«Apropos sparen, Schwesti, was sind denn so deine besten Spartipps?», möchte Lara wissen.

«So ein Sparplan ist schon eine super Sache. Wenn regelmäßig Geld am Ersten des Monats in deine Investments fließt, gibst du nämlich nur noch aus, was vom Sparen übrig ist, nicht umgekehrt. Das ist eine vollkommen andere Denkweise als die vieler anderer Menschen. Normalerweise spart man ja eher, was am Ende des Monats noch so übrig ist. Wenn du aber zuerst sparst und damit auch zuerst dich selbst bezahlst, bevor du offene Rechnungen bei allen anderen Menschen und Unternehmen begleichst, ist für das Wichtigste zuerst gesorgt: deine finanzielle Zukunft. Erst dann kommen Miete, Urlaube, Klamotten und so weiter. Du zahlst ja auch nicht deinem Vermieter, was am Ende des Monats so übrig bleibt. Außerdem bin ich auch Fan von kleinen Herausforderungen. So ist es gekommen, dass ich seit über zwei Jahren kein Geld für Kleidung ausgegeben habe.»

Immer wenn ich von dieser Challenge erzähle, mustern mich die Menschen unterbewusst und schauen, was ich trage. Ich bin mir nicht sicher, warum sie das machen. Als ob man mit einem Kartoffelsack rumlaufen müsste, wenn man sich keine neue Kleidung kauft. Es ist ja nun wirklich nicht so, als hätten wir alle zu wenig Klamotten im Schrank ...

«Wie?», fragt Mark. «Du kaufst dir seit zwei Jahren keine Kleidung? Gar keine? Nichts?»

«Bis heute gab es eine Handvoll Ausnahmen: neue Laufschuhe, neue Fußballschuhe, Badelatschen und eine Packung Socken. Das war's. Und weißt du was: Es fehlt mir überhaupt nicht. Weder das Shoppen noch die Befriedigung durch das Geldausgeben.»

«Krass. Aber warst du denn wenigstens ordentlich shoppen, bevor du deine Challenge gestartet hast?»

«Nein, im Gegenteil. Ich habe radikal aussortiert und etwa die Hälfte meiner Klamotten gespendet. Vermisse ich etwas? Nicht ein einziges Teil. Ich könnte dir nicht mehr als drei Teile aufzählen, die ich damals weggegeben habe. So viel zur Bedeutung von Kleidung und dem Gefühl, dass man Sachen nicht weggeben kann, weil man sie sicherlich vermissen wird.»

«Aber hast du dich beim Ausmisten nicht gefragt, ob du das eine oder andere Teil in Zukunft doch noch mal anziehen wirst?»

«Klar habe ich mich das gefragt. Aber ich kann dich beruhigen: aus den Augen, aus dem Sinn. Es sind nur Klamotten. Ich habe radikal alles weggegeben, was ich in den letzten 12 Monaten nicht getragen habe. Und das war einiges.»

«Und wie lange geht deine Challenge noch?»

«Sie sollte eigentlich nur ein Jahr gehen. Sie war mein Vorhaben für 2016. Doch auch 2017 habe ich überhaupt keinen Drang verspürt, mir Kleidung zu kaufen. So hat sich die Challenge von alleine verlängert, und mittlerweile ist es auch gar keine Challenge mehr. Ein vernünftiger Umgang mit Geld – zu beurteilen, ob ich etwas brauche und was mich glücklich macht – ist durch diese Challenge zur Lebensphilosophie geworden. Ich glaube wirklich, dass Sparen eine Grundeinstellung ist. Wenn man ein finanzielles Ziel hat, das einem wichtig ist, und man also weiß, wofür man spart, fällt es leicht, zu sparen. Nicht umsonst leben viele Millionäre schon immer sparsam. Ich habe mal gelesen, dass laut einer Untersuchung 50 Prozent der Millionäre noch nie mehr als 140 Dollar für ein Paar Schuhe und nie mehr als 29 000 Dollar für ein Auto ausgegeben haben. Außerdem lassen sie ihre Schuhe reparieren, anstatt sich neue zu kaufen.»[18]

«Echt? Das ist ja verrückt. Aber klar: Kleinvieh macht auch hier mal wieder Mist», stellt Mark fest.

«Ich könnte dir jetzt 100 Spartipps aufzählen: vom Abbestellen von Shopping-Newslettern über die Umstellung von Versicherungen auf jährliche anstatt monatliche Zahlung. Aber letztendlich kommt es darauf an, ein Bewusstsein für den eigenen Umgang mit Geld zu entwickeln. Meine beste Methode dafür und somit meinen besten Spartipp kennt ihr bereits: ein Haushaltsbuch. Ein Haushaltsbuch zu führen ist ungefähr so langweilig, wie in ETFs zu investieren, aber super effektiv. Ich habe es selbst ausprobiert: Ich habe ein Jahr lang ein Haushaltsbuch geführt und dann wieder ein Jahr lang nicht mehr. Der Unterschied war enorm. In dem Jahr mit Haushaltsbuch habe ich deutlich weniger Geld ausgegeben. Allein zu wissen, dass man jede Ausgabe eintragen muss, führt dazu, dass man viel mehr darauf achtet und sich zweimal überlegt, ob man das Objekt der Begierde wirklich braucht. Ich habe mir eine Vorlage für ein Haushaltsbuch in Excel gebastelt, in die ich auch gleich meine Budgets für die einzelnen variablen Posten eintragen kann. Die Vorlage kann man kostenlos auf der Madame-Moneypenny-Website[19] herunterladen. Darüber haben wir ja bereits gesprochen. Ich trage dort also beispielsweise meine 80 Euro für Imbiss- und Restaurantbesuche ein und dokumentiere jede Ausgabe. Alles, was ich bar gezahlt habe, trage ich jeden Abend direkt ein, um es nicht zu vergessen. Ausgaben mit der EC-Karte sind online bei meiner Bank hinterlegt. Die übertrage ich einmal pro Woche in mein Haushaltsbuch. Aufwand: zwei Minuten pro Tag, fünf Minuten am Wochenende. Es gibt natürlich auch entsprechende Haushaltsbuch-Apps fürs Smartphone», erkläre ich.

«Zahlst du eigentlich viel mit EC-Karte?», fragt Mark.

«Ja, ich bezahle tatsächlich alles, was geht, mit EC-Karte. Auch wenn ich nur eine Zahnbürste für 1,49 Euro kaufe. Ich sehe darin den Vorteil der Nachvollziehbarkeit, da sämtliche Ausgaben auf meiner Girokonto-Übersicht erscheinen. Allerdings ist dieses Verhalten nicht sonderlich schlau, wenn man sparen möchte. Denn man gibt nachweislich mehr Geld aus, wenn man anstatt mit Bargeld mit der Plastikkarte zahlt. EC- und Kreditkarten fühlen sich viel unverbindlicher an. Man zieht die Karte durch das Gerät, und irgendwas passiert im Hintergrund. Auf dem Konto ist ja genug Geld. Wenn ich aber nur 20 Euro in der Tasche habe und diese dann auch noch rausrücken muss, fühlt sich das schon anders an. Außerdem: Man kauft mehr ungesunde Sachen, wenn man mit Karte zahlt. Das ist auch wieder so eine Geschichte, die mir im Kopf geblieben ist. Amerikanische Forscher haben über ein halbes Jahr die Lebensmitteleinkäufe von tausend Haushalten dokumentiert. Sie kamen zu dem Ergebnis, dass die Leute bei Bezahlung mit Karte gern auch mal Schokolade oder Kuchen einkauften. Offenbar steigt unsere Bereitschaft, uns einem

Vergnügen hinzugeben, wenn wir dafür kein ‹richtiges› Geld aufwenden müssen. Das sind so kleine Psychofallen, die man kennen sollte, wenn man bewusst mit seinem Geld umgehen möchte. Wo ich grad deine Autoschlüssel auf dem Tisch liegen sehe, Lara, fällt mir noch ein weiterer Denkfehler ein: der Kontrasteffekt. Er ist dafür verantwortlich, dass wir überteuerte Sitze für ein Auto einfach mitkaufen, weil die Sitze für 3000 Euro im Vergleich zum Auto für 60 000 Euro wie eine Kleinigkeit erscheinen.»

Lara fühlt sich angesprochen.

«Ja, genau! So war das wirklich. Ich stand in dem Autohaus und dachte mir: ‹Na ja, gut. Was soll's. Ich geb eh schon so viel Geld aus, da machen die Sportsitze den Kohl auch nicht mehr fett.›»

«So kommt es uns vor, ja. Bei rationaler Betrachtung hättest du dir die Sitze zu dem Preis wahrscheinlich nicht gekauft. Das komplette Discountgeschäft lebt vom Kontrasteffekt. Ein Produkt, das von 100 Euro auf 70 Euro reduziert wurde, erscheint uns billiger als ein Produkt, das schon immer 70 Euro kostete. Wir reagieren so stark auf Kontraste, dass wir kleinere Änderungen gar nicht mehr wahrnehmen. Daher fällt uns auch nicht auf, dass unser Geld durch die Inflation immer weniger wird. Würde uns jemand einmal pro Jahr einfach so drei Prozent unseres Gesparten vom Konto abbuchen, würden wir etwas dagegen tun. Da wir aber nur noch auf Kontrasteffekte reagieren, bemerken wir diese schleichende Vernichtung durch die Inflation gar nicht.»

«Das ist ja spannend», findet Mama.

Jetzt schaltet sich Mark wieder ein: «Oh, dazu habe ich auch noch eine Story: Ich habe mal ein Praktikum bei einem

Immobilienmakler gemacht. Da habe ich gelernt, wie man genau das Haus verkauft, das man loswerden möchte. Das war super spannend, denn auch hier wird natürlich mit der Psyche der Kunden gespielt. Die Strategie meines damaligen Chefs war so: Er zeigt den Interessenten immer drei Objekte. Nie nur eins, zwei oder vier. Und zwar zeigt er eins, das ganz offensichtlich unter den Ansprüchen seiner Interessenten liegt, ein mittelmäßiges Haus und ein Objekt, das viel zu teuer ist. Obwohl er als Makler das Preislimit der Interessenten genau kennt, zeigt er jedes Mal ein Objekt, das das Budget deutlich sprengen würde.

Als ich das zum ersten Mal gesehen habe, dachte ich: ‹Glaubt er denn wirklich, dass der potenzielle Käufer mal eben sein Budget verdoppelt?› Glaubt er natürlich nicht. Er wusste genau, was er tut. Sein Ziel war allein der Kompromisseffekt. Durch die Besichtigung eines Hauses, das man sich nie leisten kann, will der Makler die Einschätzung der anderen Häuser beeinflussen. Man soll denken: ‹Okay, das eine Haus ist vielleicht kleiner als gewünscht und die Straße ist auch nicht so nett wie erhofft, trotzdem ist es im Vergleich zu dem teuren Objekt ziemlich in Ordnung, vielleicht sogar ein Schnäppchen.› Folglich entscheidet man sich für das mittlere Haus, das der Makler eh am liebsten loswerden wollte. Bei meinem Chef ist das immer aufgegangen. Verrückt, oder?»

«Das ist tatsächlich witzig. Auch, dass du davon erzählst. Denn ich habe gerade im Urlaub ein Buch[20] gelesen, in dem es um die Psychologie des Geldes geht. Der Kompromiss-Effekt war auch darin enthalten. In dem Buch wird von einer Studie aus den 1980er Jahren erzählt. Für diese Studie wurden den

Teilnehmern Beschreibungen und Abbildungen von Spiegelreflexkameras gezeigt und gefragt, welches der zwei Modelle sie kaufen würden. Die Entscheidungsquote lag bei 50/50 – die eine Hälfte wollte das billigere Modell, die andere Hälfte präferierte die teurere Version. Sobald die Auswahl jedoch um ein drittes Modell erweitert wurde, entschieden sich zwei Drittel für die jetzt mittelpreisige Version, während der Rest zu gleichen Teilen die billigste oder die teuerste Möglichkeit wählte. Als Erklärung für dieses Phänomen wurde die Verlust-Aversion angeführt. Wir Menschen haben mehr Angst vor dem Verlieren, als wir Freude aufgrund eines Gewinns verspüren. Deswegen beschäftigen uns Niederlagen emotional immer länger als Siege. Wenn wir uns also frei entscheiden können, würden wir eher möglichen Gewinn ausschlagen, wenn wir dabei garantiert nichts verlieren. Übertragen auf die Kameras oder andere Gegenstände verhält es sich so: Der teurere Luxusgegenstand besitzt die besten Eigenschaften, hat aber den großen Nachteil des hohen Preises. Die Billigversion ist vom Preis her super, hat aber den Nachteil einer vermeintlich schlechteren Qualität. Das Angebot der mittleren Preisklasse siegt weder beim Preis noch bei der Qualität, hat aber auch keine erkennbaren Nachteile. Und da wir Menschen von einer stetigen Verlust-Aversion begleitet werden und lieber einen Verlust vermeiden als einen Gewinn erzielen, fällt unsere Wahl auf den Kompromiss. Wir haben zwar nichts gewonnen, aber eben auch nichts verloren. Daher sind wir zufrieden. Das ist übrigens auch der Grund, warum die meisten Menschen ihr Geld auf dem Konto liegen lassen, anstatt es mit einem gewissen Risiko zu investieren», erkläre ich.

«Was ich auch irgendwie verstehen kann. Für mich stellen

diese Investmentgeschichten auch eine psychologische Hürde dar», ergänzt Mama.

«Klar, das kann ich auch verstehen. Nur ergibt es rational gesehen wenig Sinn. Schau mal, letztendlich hast du genau zwei Möglichkeiten. Entweder du parkst dein ganzes Geld auf dem Konto und fährst aufgrund der Inflation einen sicheren Verlust ein. Dass unser Geld durch die Inflation entwertet wird, ist ja nun mal ein Fakt. Und obwohl es ja eigentlich risikolos sein sollte, machst du garantiert zwischen ein und drei Prozent Verlust – jedes Jahr. Oder, Möglichkeit zwei, du gehst ein gewisses Risiko ein, das zu deiner persönlichen Risikobereitschaft passt, und hast die Chance auf vier bis zehn Prozent jährliche Rendite. Oftmals hat man Angst vor Dingen, die man nicht kennt. Um vollkommen risikolos ein Gefühl für die Abläufe, Prozesse und die Technik zu bekommen, kannst du ein sogenanntes Musterdepot erstellen. Ein Musterdepot ist quasi ein virtuelles Depot. Du kannst alles damit machen: Mit Aktien handeln, ETFs kaufen, Kurse einsehen, verkaufen, die Entwicklung beobachten und so weiter. Nur geschieht dies alles mit virtuellem Geld, nicht mit deinem echten. Du tust also nur so als ob, kannst aber alle Prozesse durchlaufen, als würdest du dein echtes Geld investieren. Es ist quasi nur ein Spiel, aber mit Kursen und Verläufen aus der Realität. Cool, oder?»

«Das klingt wirklich gut. Ich nehme an, dass ich das auch bei einem Broker eröffne?»

«So ist es. Du eröffnest ein kostenloses Musterdepot bei deinem Broker und kannst mit Spielgeld loslegen. Allerdings sollte dir schon bewusst sein, dass es emotional ein himmelweiter Unterschied ist, ob dein Musterdepot mit Spielgeld mal in den roten Zahlen steckt oder es sich um dein reales Geld handelt. Aber um ein Gefühl für Technik und Abläufe zu bekommen, ist das wirklich eine gute Sache.»

Die Verlust-Aversion besagt, dass wir mehr Angst vor Verlusten als Freude an Gewinnen haben. Sie sorgt dafür, dass viele Menschen ihr Geld nicht investieren.

«Ich habe noch eine andere Frage», sagt Lara, während sie eine große Portion Schokopudding in ihr Schälchen füllt und ein paar Brombeeren fürs Gewissen obendrauf fallen lässt.

«Wenn ich das richtig verstanden habe», fährt sie fort, «sind die ETFs von der Zusammenstellung her so, wie sie sind. Darauf habe ich als Anlegerin keinen Einfluss.»

«Das ist richtig. Die Zusammensetzung richtet sich nach dem zugrunde liegenden Index», bestätige ich ihre Aussage.

«Okay. Was ist aber, wenn ich aus ethischen Gründen Unternehmen ablehne, die in dem ETF enthalten sind? Tendenziell würde ich mein Geld lieber in nachhaltige Unternehmen oder Projekte investieren als in Apple, Bayer, die Waffen- oder Fleischindustrie. Damit fühle ich mich irgendwie komisch.»

Ein sehr wichtiges Thema und immer wieder ein Dauerbrenner in meinen Seminaren und in der Facebook-Gruppe: nachhaltige Investments.

«Das kann ich sehr gut nachvollziehen. Und du hast vollkommen recht: In ETFs, die Unternehmen aus der ganzen Welt beinhalten, sind auch einige böse Buben enthalten. Um dennoch nachhaltig zu investieren, hast du mehrere Möglichkeiten. Du kannst dir einen Index suchen, der bestimmte

Branchen ausschließt. Es gibt beispielsweise den MSCI World ex Controversial Weapons Index. Dieser Index, also auch die entsprechenden ETFs, die ihn nachbilden, bezieht sich auf den MSCI World, schließt allerdings Unternehmen aus der Waffenindustrie kategorisch aus. Es gibt auch spezielle grüne Indizes, die beispielsweise Unternehmen aus der Branche der erneuerbaren Energien umfassen. Der World Alternative Energy Index und der S&P Global Clean Energy Index wären Beispiele für solche ETFs[21].

Eine weitere Möglichkeit sind natürlich Investments in Einzelaktien. Da kannst du dir genau aussuchen, in welche Unternehmen du investieren möchtest und in welche nicht. Oder du suchst dir gezielt nachhaltige Projekte aus, in die du investieren möchtest. Auf der Plattform bettervest.org beispielsweise werden Projekte wie die Finanzierung einer Fotovoltaikanlage für einen Supermarkt in Ghana oder einer Wasserdesinfektionsanlage für Krankenhäuser und Schulen in Ungarn vorgestellt. Hier investiert man allerdings nicht in ein Unternehmen, sondern gibt dem Projektveranstalter ein sogenanntes nachrangiges Darlehen. Im besten Fall bekommst du dein Geld plus die vereinbarten Zinsen im vereinbarten Zeitraum nach Fertigstellung des Projektes zurück. Falls das Projekt scheitert oder die neue Fotovoltaikanlage beispielsweise durch ein Erdbeben zerstört wird, stehst du ganz am Ende der Schlange, wenn es um die Rückzahlung der investierten Gelder geht. Erst wenn alle anderen ihr Geld wiederbekommen haben und dann noch etwas übrig ist, bist du dran. Nachrangig eben. Die Risiken bei einer solchen Investition sind also recht hoch. Deswegen liegen die Renditen zwischen 7 und 12 Prozent.»

«Die mit 12 Prozent sind also risikoreicher?»

«Genau, 12 Prozent ist schon recht ordentlich. Da scheint das Ausfallrisiko recht hoch zu sein. Grundsätzlich solltest du aber auch bei grünen Anlagen genau schauen, was tatsächlich drin ist. Nicht überall, wo Grün draufsteht, ist Grün drin. Viele Unternehmen und Fonds sind nur nach dem sogenannten Best-in-Class-Ansatz nachhaltig. Bei einem Best-in-Class-Ansatz wird lediglich geschaut, wer unter den Schmutzfinken der sauberste ist. So kann ein Hersteller für Laubbläser, also ein eher überflüssiger Energiefresser, das Prädikat ‹nachhaltig› bekommen, weil seine Laubbläser weniger Energie fressen als die Produkte der anderen Hersteller. Mit wahrer Nachhaltigkeit hat das aber natürlich nichts zu tun», erläutere ich.

«Ein paar Einzelaktien, ein nachrangiges Darlehen oder ein Index, der nur Unternehmen aus der Branche der nachhaltigen Energien enthält, dürfte eigentlich nicht breit genug gestreut sein, oder?», fragt Mark.

«Das ist leider so, ja. Aber es muss ja nicht entweder oder sein. Man kann auch beides haben. Zum Beispiel, wenn man die gleiche Strategie verfolgt wie Lara bei ihrem Pudding», ich deute auf ihre Schale mit Pudding und den Gewissens-Brombeeren, denn mir ist gerade doch noch eine Puddinganalogie eingefallen. «Ich weiß, dass der Pudding schlecht für meinen Körper ist. Aber ich finde mich damit ab und esse ihn dennoch, weil er mir das bringt, was ich von ihm erwarte: eine Befriedigung meines Drangs nach Süßem. Weil ich weiß, dass er eigentlich nicht gut für mich ist, kombiniere ich den Pudding mit gesunden Brombeeren. Das macht den Pudding an sich zwar nicht gesünder, aber die Mischung ist dennoch besser als ganz ohne Brombeeren. Übertragen auf Investments hieße dies, dass man bei der Basis bleibt, die bösen Buben in Kauf nimmt und das Gesamtportfolio gleichzeitig mit grünen Anlagen kombiniert. So hat man beides: ein breit diversifiziertes Investment als Basis und nachhaltige Investitionen. Es gibt also ganz verschiedene Möglichkeiten und Strategien. Das muss jede für sich entscheiden. Manche legen gar keinen Wert und andere wiederum einen extremen Fokus auf Nachhaltigkeit. Da gibt es kein Richtig oder Falsch, man sollte jedoch bei allem das Risiko beachten und schauen, dass auch grüne Investments zur eigenen Risikobereitschaft und in dein Gesamtkonstrukt passen.»

«Das heißt, wenn ich in sehr risikoreiche grüne Anlagen investieren möchte, sollte ich dafür weniger in den Schwellen-Länder-ETF investieren?», möchte Lara wissen.

«Zum Beispiel, ja. Wichtig ist, dass du nicht nur das Risiko der einzelnen Investments kennst, sondern auch das Gesamtrisiko deines Portfolios. Wenn deine Aufteilung zwischen risikolosen und risikobehafteten Anlagen 30 zu 70 ist, gehören nachrangige Darlehen in den risikobehafteten Teil. Auf deine monatlichen 200 Euro bezogen heißt das, dass du 140 Euro, also 70 Prozent, risikoreich investieren kannst. Die restlichen 60 Euro wandern auf dein Tagesgeldkonto.»

«Ach, wo du gerade ‹wandern› sagst», sagt Lara zu Mark, «wir wollten noch unseren Urlaub buchen.»

«Stimmt! Dafür müssten wir mal unsere Urlaubs-Spardose plündern.»

Er erzählt, dass die beiden eine Spardose im Flur aufgestellt haben, in die jeder sein Kleingeld sowie die Rückzahlungen von Pfandflaschen einwirft. Davon zahlen sie dann die gemeinsamen Ausgaben im Urlaub wie Lebensmittel oder kleine Ausflüge. Anreise und Unterkunft zahlt jede für sich.

«Habt ihr eigentlich ein gemeinsames Konto?», frage ich die beiden.

«Aktuell nicht, nein. Aber wir denken immer mal wieder darüber nach. Es würde schon einiges vereinfachen und wäre vermutlich fairer als unser Motto ‹Wer in der Nähe eines Supermarktes ist, kauft ein›. Das bin nämlich meist ich», erklärt Lara.

«Hö? Ich kaufe doch hier am meisten ein! Ich habe letzte Woche diesen riesigen Einkauf für unser Sommeressen bezahlt!», erwidert Mark.

«Dafür war ich davor dreimal im Bioladen, beim Bäcker und im Drogeriemarkt», entgegnet Lara.

«Ja, deinen Kosmetikkram will ich auch nicht mitbezahlen», giftet Mark zurück.

«Aber ich soll dein Rasierzeug zahlen, oder was?!»

Und schon geht's ab. Klarer Fall von verschobener Wahrnehmung. Beide erinnern sich nur an die Momente, in denen sie selbst gezahlt haben. Wahrscheinlich gleichen sich die Ausgaben auf lange Sicht aus. Aber die beiden wirken nicht so, als würde dieses Thema zum ersten Mal für Zündstoff sorgen.

Mama hört gespannt zu, denn bei ihr verhält es sich ja komplett anders: Sie hat gar kein eigenes Konto. Ihr Gehalt sowie die Rente von Papa landen auf dem gemeinsamen Konto. Schon immer. Wie sie zu Anfang des Abends erzählt hat, ist dies jedoch auch nicht die optimale Lösung. Sie hatte oft das Gefühl, sich für Ausgaben rechtfertigen zu müssen, und außerdem hat sie im Notfall kein eigenes Geld.

Papa hat anscheinend einen Tipp für Lara und Mark auf Lager.

«Also bei Mama und mir ist die Kontoorganisation mit

einem gemeinsamen Konto auch nicht optimal. Aber unsere Freunde Gabi und Richard haben sich da etwas Spannendes ausgedacht: Sie haben ein gemeinsames Konto, und jeder hat zusätzlich sein eigenes. Die Verteilung geht so: Die Gehälter der beiden werden auf das gemeinsame Konto überwiesen. Mit dem Geld werden alle gemeinsamen Ausgaben wie Miete, Strom, Kosten für die Kinder oder Enkelkinder, Internet, gemeinsame Essen und so weiter bezahlt. Von diesem gemeinsamen Konto erhält außerdem jeder von beiden einen festen Betrag auf sein eigenes Konto ausgezahlt. Der Betrag ist bei beiden gleich hoch. Von diesem eigenen Geld finanzieren sich die beiden ihre Hobbys. Richard raucht zum Beispiel und gibt dafür recht viel Geld aus, während Gabi gerne mit ihren Mädels auf Tour geht. Wofür jeder sein Geld ausgibt, ist dem anderen vollkommen egal, denn der andere hat ja auch sein eigenes Geld zur Verfügung», erzählt Papa.

Er beschreibt das sogenannte Drei-Konten-Modell. Die beiden Streithähne haben sich in der Zwischenzeit wieder beruhigt und lauschen Papas Ausführungen.

«Das klingt in der Tat nicht schlecht. Aber was ist, wenn einer mehr verdient als der andere? Ich arbeite ja auch schon, während Mark erst im nächsten Jahr anfängt, Geld zu verdienen. Ist das nicht unfair, wenn beide den gleichen Betrag als Hobby-Geld bekommen?», überlegt Lara laut.

«Finde ich nicht. Jetzt verdienst du vielleicht mehr, aber das kann sich ändern. Wenn Mark mal in einer Periode mehr verdient als du, gleicht sich das wieder aus. Und selbst, wenn nicht: In einer Partnerschaft geht es ja auch darum, für den anderen zu sorgen und ihn zu unterstützen, oder?»

«Genau!», sagt Mark und lacht. «Außerdem: Wenn wir mal

Kinder bekommen und du dann zu Hause bleibst oder Teilzeit arbeitest, arbeitest du wenig bis gar nicht, und ich muss für alle Kosten aufkommen.»

Ich schaue zu Mama rüber und merke, wie es anfängt, in ihr zu brodeln. Aber Lara managt die Situation souverän: «Erstens: Wer sagt, dass ich zu Hause bleibe und nicht du? Zweitens: Derjenige, der zu Hause bleibt, wird einiges an Arbeit haben. Und zwar, unsere Kinder zu hüten und zu erziehen. Da derjenige in der Zeit kein Geld verdient und daher weniger Geld zur Vorsorge zur Verfügung hat, sollte der andere ihm oder ihr einen Ausgleich zahlen. Das wäre fair.»

«Du meinst, wenn ich zu Hause bleiben würde, würde ich von dir einen Ausgleich gezahlt bekommen? Quasi wie ein kleines Gehalt?», fragt Mark ungläubig.

«Klar. Oder eben ich von dir», ergänzt Lara.

«Das klingt doch gut. So können beide fürs Alter vorsorgen und haben ihr eigenes Konto», sagt Mama.

«Und wie würde es mit unseren Investitionen laufen? Machen wir die dann auch gemeinsam oder getrennt?», fragt Mark Lara.

«Na ja, ich würde vorschlagen, dass wir auch hier schauen, welche Investitionen für uns beide da sind und welche nicht. Wenn wir beispielsweise gemeinsam ein Haus kaufen wollen, sollten wir auch beide Geld dazu beisteuern. Vielleicht wäre es sogar eine gute Idee, gemeinsam etwas zur Seite zu legen. Eine Art Haushaltsnotgroschen, falls die Waschmaschine kaputtgeht. Dafür könnte eine feste Rate jeden Monat von unserem gemeinsamen Girokonto auf ein Tagesgeldkonto abgehen. Wenn wir für unsere Kinder sparen wollen, wäre es das gleiche Szenario: Wir nehmen dafür Geld von unserem

Gemeinschaftskonto und sparen beziehungsweise investieren es für die Kinder. Alles andere können wir getrennt machen. Du investierst mit deinem Geld in deine Anlagen, zum Beispiel ETFs, und ich investiere mit meinem Geld in meine. Das wäre schon allein deswegen notwendig, weil wir womöglich unterschiedliche Risikobereitschaften haben», sagt sie.

Und es klingt wie Musik in meinen Ohren. Hach, mir wird ganz warm ums Herz. Ich klopfe ihr auf die Schulter, sie guckt ein wenig irritiert. Dann klopfe ich auch noch mir selbst auf die Schulter und formuliere im Kopf schon den Satz, den ich nachher unter «Erfolg des Tages» in mein Finanzjournal schreiben werde. Das findet Lara noch komischer.

«Klopfst du dir da gerade selbst auf die Schulter?!»

«Hm? Ich? Nee ... neeee. Da saß so ein Tierchen, weißt du ...»

Das Drei-Konten-Modell eignet sich wunderbar, um die Finanzen in einer Partnerschaft zu organisieren. Als Frau solltest du darauf bestehen, Konto und Depot in deinem eigenen Namen zu führen.

Langsam wird es ein wenig frisch draußen im Garten. Und das Puddingblech ist auch fast leer. Doch einen letzten, wichtigen Punkt möchte ich noch ansprechen.

«Wisst ihr, bei all den Selbstanalysen, Strategien und Regeln sollte man einen Fehler unbedingt vermeiden: Analysis paralysis. Wir Frauen wollen ja gerne alles perfekt machen. Aus Angst, einen Fehler zu begehen, analysieren wir, recherchieren noch mehr, lesen doch noch das zwanzigste Buch und fragen doch noch zwei weitere Experten sowie Mama und Papa um Rat. Die Entscheidung, die es zu treffen gilt, wird dadurch immer weiter hinausgezögert oder im Worst Case komplett verhindert. Wir haben am Ende zu viele Informationen und Meinungen. Zu viele Daten, die uns letztendlich überfordern. Aus dem geplanten ETF-Portfolio, das eigentlich schon steht, wird dann doch nichts, weil man sich nicht für einen ETF entscheiden kann. Es gibt keine perfekte Investment-Strategie. Wenn es sie gäbe, würden sie alle verfolgen. Wenn man die gröbsten Fehler vermeidet und weiß, was man tut, fährt man wunderbar. Ewiges Zaudern ist genauso schädlich wie überhastetes Handeln. Bei dem einen bekommt man nichts auf die Strecke und bei dem anderen fährt man auf der falschen Spur. Ich habe festgestellt, dass es mit den Finanzen ist wie mit dem Autofahren: Am Anfang steht man vor einem fast unüberschaubaren trockenen Berg an Theorie. Man weiß weder, wo man anfangen, noch, wie man das jemals schaffen soll. Und plötzlich sitzt man hinterm Steuer und merkt, dass das gar nicht so schwierig ist. Irgendwann gehorcht das Auto ganz gut, man umfährt Hindernisse und fängt an, sich wohlzufühlen. Auf einmal ergeben sich viele Dinge auf dem Weg. Die Angst verschwindet, das Autofahren wird zur Gewohnheit. Ist man perfekt ab der ersten Stunde? Sicherlich nicht. Muss man das sein? Definitiv nicht. Werde ich jemals eine komplette Motorrevision selbst machen? Wahrscheinlich nicht. Komme ich mit einem Auto sicher von A nach B? Auf jeden Fall. Reicht das aus? Aber so was von!»

«Das war doch ein schönes Schlusswort», findet Mama.

«Lasst uns reingehen, es wird langsam zu kalt», schlägt Papa vor.

«Gute Idee!», sage ich und fange an, die Puddingschalen einzusammeln.

«Aber bevor wir reingehen, habe ich noch eine sehr wichtige Frage an euch. Eine Frage, die mir sehr am Herzen liegt», sage ich mit betont ernster Stimme und Mimik.

Alle sitzen ganz still, sind ruhig, schauen mich ernsthaft an. Sie warten gespannt, was jetzt kommt. Ich hole tief Luft und halte sie kurz an, um den Spannungsbogen voll auszureizen. Alle starren mich an.

«Also, was ich euch noch fragen wollte ... Hat jemand noch Lust auf eine Runde Monopoly?» Alle lachen, sie hatten wohl mit etwas anderem gerechnet. Lara verpasst mir einen weiteren Ohrenschnipper und sagt mit einem deutlichen Kopfschütteln: «Jetzt übertreib's mal nicht, Schwesterherz! Genug Geldzeug für heute!»

Mist, wieder nichts. Na gut. Dann versuche ich es halt beim nächsten Besuch erneut.

Deine Challenge

So, die letzte Challenge steht an! Und die hat es noch mal in sich. Der erste Teil deiner Challenge beinhaltet die Eröffnung eines Musterdepots. Wie das genau funktioniert, kannst du in diesem Artikel nachlesen: https://madamemoneypenny.de/musterdepot-kostenlos/. Als Nächstes verabredest du dich mit deinem Partner oder deiner Partnerin für ein Gespräch über eure Kontenstruktur. Falls du Single bist oder eure Kontenstruktur bereits super ist, hast du frei und kannst dich direkt ans Puddingkochen machen.

MEINE FINANZIELLE TRANSFORMATION: CARMEN, 41 JAHRE, FREIBERUFLERIN

Liebe Carmen, bitte beschreibe deine Ausgangssituation und wie dein finanzieller Status quo jetzt ist.

Ich war bis vor etwa einem Jahr in einem Modevertrieb angestellt und habe ganz gut verdient. Der Vertrag lief aus, ich wollte mich verändern und Sachen machen, die mir mehr Spaß bringen und mir noch besser liegen – so wie zum Beispiel eine eigene kleine Kollektion oder Farb- und Stilberatung für Frauen. Ich fühlte mich nicht wohl und sehr eingeengt in meinem damaligen Job; ich hatte teilweise sehr kleingeistige Kollegen, mit denen ich nicht produktiv arbeiten konnte. Außerdem hatte ich Schulden: Ich konnte offensichtlich mit dem Geld, das regelmäßig auf mein Konto einging – was für ein Luxus! –, nicht richtig umgehen. Ich hatte zu hohe Ausgaben und zu wenig zurückgelegt. Dadurch fühlte ich mich irgendwie schuldig, hilflos, fremdbestimmt und klein.

Der Status quo ist: Keine neue Festanstellung und noch immer auf der Suche nach einer Arbeit, bei der die Tätigkeit und das Gehalt stimmen. Momentan vertreibe ich die Yogahose eines Freundes und gestalte das Produkt auch mit. Ich beziehe Arbeitslosengeld, mache nebenbei weitere kleinere Jobs und gebe Yogaunterricht.

Ich fühle mich immer noch unsicher und habe Angst davor, keinen Job mehr zu finden, beziehungsweise davor, dass gar kein Geld mehr reinkommt. Ich habe durch deinen Blog gelernt, den Fokus auf meine Ausgaben und Einnahmen zu richten – deshalb habe ich jetzt, obwohl ich viel weniger Geld zur Verfügung habe, einen Teil meiner Schulden getilgt. Ich gebe einfach weniger aus. Ich habe noch 1000 Euro gespart, die ich gerne in ETFs anlegen würde, und habe 2004 eine flexible steuerfreie Lebensversicherung abgeschlossen.

Sind dir Denk- und Verhaltensmuster an dir aufgefallen, die zu deiner schlechten finanziellen Situation geführt haben könnten?

Ja: mangelndes Selbstwertgefühl und mangelndes Wissen, wie man gut mit Geld umgeht. Meine Eltern haben mich seit ihrer Trennung immer eher finanziell anstatt emotional unterstützt. Vielleicht, denke ich manchmal, war mein nachlässiger Umgang mit Geld ein unbewusster Schrei nach Aufmerksamkeit – weil ich ja wusste, dass es dann wieder finanzielle Unterstützung gibt. Aber das ist reine Interpretation. Mein Verhältnis zu Geld war jedenfalls sehr passiv und überhaupt nicht selbstbestimmt.

Wann und warum hast du dann die Entscheidung getroffen, etwas zu ändern, deine Finanzen selbst in die Hand zu nehmen und dich mehr damit zu beschäftigen? Gab es da einen Auslöser?

Während der Arbeitslosigkeit konnte ich die Schulden auf meinem Konto einfach nicht mehr sehen. Ich habe mich plötzlich über die Sollzinsen geärgert – davor habe ich sie einfach verdrängt. Ich wollte diesen Istzustand nicht mehr und spürte, dass ich selbst etwas daran verändern kann.

Wie bist du bei deiner finanziellen Transformation vorgegangen? Hast du dir neue Verhaltensmuster angewöhnt oder bestimmte Regeln für den Umgang mit Geld? Und hattest du ein konkretes Ziel?

Mein kurzfristiges Ziel war, gar keine Schulden mehr zu haben. Ich habe deinen Blog gelesen, deinen Online-Kurs gemacht und daraufhin mein Verhalten geändert – meinen Lebensstil komplett runtergefahren, nur noch Geld für Dinge ausgegeben, die mir wirklich wichtig sind. Ab und zu mal ein gutes Essen, aber das auch nur, wenn ich vorher Extra-Geld dazuverdient hatte. Vor allem habe ich immer darauf geachtet, auch einen Teil des Geldes zurückzulegen, das ich verdient habe.

Was waren die größten Herausforderungen in dieser Zeit?

Die Herausforderungen sind immer noch: eine neue Einnahmequelle zu finden, einen Arbeitsvertrag und kleinere Jobprojekte zu bekommen, die lukrativ sind, damit ich Geld zurücklegen kann.

Was sind deine wichtigsten Erkenntnisse aus dieser Erfahrung?

Egal wie viel frau verdient – wenn man sparsam ist, vermehrt sich das Geld. Und zwar einfach dadurch, dass man es nicht ausgibt. Es gibt immer die Möglichkeit, auch mit kleinem Budget Dinge zu tun und zu erleben, die glücklich machen. Zum Beispiel ein selbstgemachtes Picknick am Fluss mit Freunden veranstalten oder Freunde besuchen, die auf der Welt verteilt leben.

Oft ist es ja so, dass sich Änderungen in einem Lebensbereich auf andere übertragen. War das bei dir auch so? Welche Auswirkungen hatte dein finanzieller Wandel?

Ich fühle mich einfach selbstbestimmter und klarer.

Wie siehst du deine finanzielle Situation in zehn Jahren, was sind deine Ziele?

In zehn Jahren möchte ich genug Geld zusammengespart haben, damit ich mir eine Immobilie leisten kann. Ich werde irgendwann noch einen Teil meines Erbes ausbezahlt bekommen und möchte mir so wenig wie möglich von der Bank leihen müssen. Außerdem möchte ich einer Tätigkeit nachgehen, bei der ich meine Stärken gut einsetzen kann, für die es eine Nachfrage gibt und für die ich auch angemessen entlohnt werde. Ich möchte meine Investitionen auf dem Finanzmarkt Früchte tragen sehen und ein passives und ein aktives Einkommen haben, sodass ich davon auf meine Weise gut leben kann.

Welchen abschließenden Tipp hast du für Frauen, die ebenfalls etwas ändern wollen?

Einfach anfangen!

Man braucht nichts im Leben zu fürchten,
man muss nur alles verstehen.

Marie Curie

DU BIST DIE GESTALTERIN DEINER FINANZIELLEN ZUKUNFT

Wow, du hast es geschafft! Du hast ein ganzes Buch über Finanzen und Geld gelesen. Na, wenn das kein Erfolg ist, der in dein Finanzjournal gehört! Gratulation!

Ich hoffe, ich konnte dir mit diesem Buch zeigen, dass auch du in der Lage bist, deine Finanzen selbst in Hand zu nehmen – egal wie alt du bist, egal in welcher finanziellen Situation du steckst, egal, wie viel du verdienst. Du allein hast die Verantwortung für deine finanzielle Zukunft. Und diese Verantwortung solltest du annehmen und proaktiv nutzen. Sonst tun dies nämlich andere für dich – nur leider nicht in deinem Interesse. Du weißt nun hoffentlich, dass es gar nicht so schwierig ist, diese Verantwortung zu übernehmen. Jede von uns kann das. Also auch du.

In der Einleitung habe ich geschrieben, dass Geld Macht bedeutet. Aber weißt du, was noch mächtiger als Geld ist? Finanzielle Bildung. Und dafür hast du soeben den Grundstein gelegt. Du hast den ersten Schritt in die richtige Richtung getan: Du hast in dein Humankapital investiert, dieses Buch gelesen und dich somit finanziell weitergebildet. Ich möchte dich an dieser Stelle ermutigen, dein Momentum zu nutzen und weiter in dein Humankapital zu investieren, mindestens ein weiteres Buch zu dem Thema zu lesen (Büchertipps findest du weiter hinten), einen Online-Kurs zu machen oder was auch immer. Höre Podcasts, lies Artikel, hole andere Meinungen ein und diskutiere fleißig mit. Es gibt ganz wunderbare, auch kostenlose Angebote meiner Kolleginnen und Kollegen. Die Informationen sind alle da draußen, du musst sie dir nur schnappen. Natürlich würde ich mich auch freuen, dich auf einem der Madame-Moneypenny-Meet-ups oder bei einem meiner Seminare persönlich kennenzulernen.

Beschäftige dich weiterhin mit deinem Geld, sodass es zur Gewohnheit wird. Wenn du dabei an gefühlte Grenzen stößt, du dich überfordert fühlst und es irgendwie unbequem wird: Herzlichen Glückwunsch, du wächst gerade. Immer, wenn es unbequem wird, wächst du. Du verlässt deine Komfortzone und machst dich auf zu neuen Ufern. Das ist eine gute Sache! Denke dran: Wenn sich die Früchte ändern sollen, musst du an die Wurzeln. Die Veränderung kommt allein aus dir. Schritt für Schritt. Es ist ein Prozess. Solange du dranbleibst und dich bewegst, ist alles gut und leichter, als du vorher dachtest. Albert Einstein hat gesagt: «Das Leben ist wie Fahrradfahren, um die Balance zu halten, musst du in Bewegung bleiben.»

Ein letztes Anliegen habe ich noch: Wenn du auch nur eine Sache aus diesem Buch mitnimmst, eine Stelle bunt angemarkert oder ein Eselsohr in eine Seite reingefaltet hast, gib dieses Buch weiter. An deine Mama, deine beste Freundin, deine Kollegin, deine Kommilitonin. An irgendjemanden, der es auch lesen sollte. Sie sollen ebenfalls darin rummalen. Rede mit Frauen in deinem Umfeld über Geld, mache Finanzen zum Thema. Sei Teil unserer Bewegung. Wir brauchen dich.

Falls du Fragen oder Anregungen hast, schreibe mir bitte jederzeit an natascha@madamemoneypenny.de.

ANHANG

WEITERE MADAME-MONEYPENNY-WEGBEGLEITER FÜR DEINE FINANZIELLE BILDUNG

Online-Video-Kurs

Manche Dinge werden sofort klarer, wenn man sie gezeigt bekommt. Das kenne ich von mir selbst auch: Sosehr ich Bücher liebe, gewisse Prozesse verstehe ich besser, wenn ich sie in Aktion sehe, anstatt die Theorie zu lesen. Und da du so schnell wie möglich ins Handeln kommen sollst, habe ich diesen Video-Kurs erstellt, indem ich viele Aspekte nicht nur erzähle, sondern auch direkt an meinem Computer zeige. Schau vorbei!
Hier findest du alle Infos zum Online-Video-Kurs:
https://www.madamemoneypenny.de/video-kurs

Das Finanzjournal

Wie Mark Twain so schön gesagt hat: «Wer nicht weiß, wohin er will, der darf sich nicht wundern, wenn er ganz woanders ankommt.»
Und genau das soll dir mit deinen Finanzen nicht (noch einmal?) passieren! Aus meiner eigenen Erfahrung heraus, wie schwierig es sein kann, seine Ziele immer im Blick zu haben, habe ich das 90-Tage-Finanzjournal konzipiert. Das Finanzjournal begleitet dich von der Formulierung deines finanziellen Ziels über die Erstellung von wöchentlichen Meilensteinen bis hin zu einer täglichen Routine, die du morgens und abends durchläufst, um achtsam, aber effektiv dein Ziel zu erreichen.
Hier findest du mehr Infos zum Finanzjournal:
https://www.madamemoneypenny.de/finanzjournal

Seminare (nur für Frauen!)

Ja, du hast richtig gelesen: Meine Seminare sind nur für Frauen. Das sorgt für eine sehr offene und angenehme Atmosphäre, die meine bisherigen Teilnehmerinnen immer sehr zu schätzen wussten. Es entsteht ein vorbehaltloser Austausch, bei dem keine Angst haben muss, eine vermeintlich «dumme» Frage zu stellen. Außerdem wird immer viel gelacht – und natürlich gelernt.

Die genauen Angebote und Termine findest du hier: https://www.madamemoneypenny.de/seminar

«Bali statt Bochum – Wie jede Frau ihr Ticket in die finanzielle Unabhängigkeit löst»

Das E-Book «Bali statt Bochum» ist meine Schritt-für-Schritt-Anleitung für dich als Frau in die finanzielle Unabhängigkeit. Wir tauchen gemeinsam noch tiefer in die Materie ein als mit dem Buch, das du aktuell in den Händen hältst. Wenn du also Lust hast, noch mehr über das Thema Geldanlage zu wissen und zu erfahren, wie du ganz konkret vorgehen kannst, ist «Bali statt Bochum» genau das Richtige für dich.

Hier findest du Leseproben und weitere Informationen zu «Bali statt Bochum»: www.bali-statt-bochum.de

GLOSSAR

Aktie
Eine Aktie ist ein Anteil eines an der Börse gelisteten Unternehmens, den du durch Kauf erwerben kannst.

Aktienfonds
Aktienfonds sind eine Sammlung von einzelnen Aktien. Es gibt aktive und passive Aktienfonds (ETFs).

Börse
Die Börse ist der Ort, an dem Finanzprodukte (Aktien, Anleihen etc.) gehandelt werden. Zu den bekanntesten Börsen gehören die Wall Street, die Börse Frankfurt und die London Stock Exchange.

Broker
Bei einem Broker gibst du deine Käufe und Verkäufe an der Börse in Auftrag. Zu den gängigsten Online-Brokern gehören Onvista, com direct, ING-DiBa und Cortal Consors.

Depot
Ein Depot ist wie ein Girokonto für deine Aktiengeschäfte. Du eröffnest ein Depot bei einem Broker und kannst von dort aus Aktien kaufen oder verkaufen. Anteile, die du bereits erworben hast, «liegen» dann in deinem Depot. Hier hast du also alles im Blick. Welche Depots die besten sind, erfährst du hier: https://www.madamemoneypenny.de/aktiendepot-konten/.

Diversifikation
Diversifikation bedeutet, deine Investments zu streuen à la «Nicht alle Eier in einen Korb legen». Dadurch wird das gesamte Verlustrisiko deines Portfolios reduziert. Hierbei kommt es darauf an, Assets zu wählen, die wenig miteinander zu tun haben. Aktien nur von VW und BMW zu kaufen, ist daher keine ausreichende Diversifikation.

Dividende
Eine Dividende ist ein finanzieller Anteil am Gewinn eines börsennotierten Unternehmens. Sie wird an die Aktionäre ausbezahlt.

ETF
Exchange Traded Funds (ETFs) sind börsennotierte passive Fonds, die einen bestimmten Index abbilden. Damit ist gewährleistet, dass sich die Performance des Fonds immer parallel zum Index entwickelt.

Portfolio
Ein Portfolio ist ein Bündel von Investitionen, die du getätigt hast oder noch tätigen wirst. «Ich habe ausschließlich ETFs in meinem Portfolio» würde bedeuten, dass du ausschließlich in ETFs investiert hast. Es wird auch oft als Synonym für Depot verwendet, obwohl ein Depot eher technisch ist.

Rendite
Die Rendite stellt den jährlichen prozentualen Gesamterfolg einer Geld- oder Kapitalanlage dar. «Mein Weltportfolio hat letztes Jahr fünf Prozent Rendite gemacht».

Sparplan
Mittels eines Sparplans, den du bei deinem Broker einrichtest, besparst du vollautomatisch die gewünschten ETFs mit dem gewünschten Betrag in einem bestimmten Intervall.

Thesaurierend
Ein thesaurierender ETF reinvestiert die Erträge direkt wieder in sich selbst. Er schüttet sie also nicht an die Anlegerinnen aus.

HILFREICHE LINKS

Empfehlungen für Giro- und Tagesgeldkonto
http://madamemoneypenny.de/das-richtige-konto/

Empfehlungen für ein Depot
http://madamemoneypenny.de/aktiendepot-konten/

Erstellung eines Musterdepots
http://madamemoneypenny.de/musterdepot-kostenlos/

Bücherempfehlungen
http://madamemoneypenny.de/buecher-ueber-aktien/

Die Madame-Moneypenny-Facebook-Gruppe (nur für Frauen)
https://www.facebook.com/groups/madamemoneypenny/

Der Madame-Moneypenny-Buchclub (nur für Frauen)
https://www.facebook.com/groups/madamemoneypennybuchclub/

Honorarberatung finden
http://madamemoneypenny.de/honorarberatung-finden
http://www.bundesweitefinanzberatung.de/honorarberater-finden/
http://finanzfachfrauen.de/
http://www.finanztip.de/honorarberater-finden/
http://www.bvvb.de/

Rentenrechner
https://www.brutto-netto-rechner.info/rente.php

Sparplan-Rechner
https://www.zinsen-berechnen.de/sparrechner.php

Nachhaltiges Investieren
http://www.die-klimaschutz-baustelle.de/etf.html
http://www.nai-index.de
http://www.nachhaltiges-investment.de
http://www.ecoreporter.de

Verbraucherzentrale
https://www.verbraucherzentrale.de/beratung

DANKSAGUNG

Natürlich geht ein besonderer Dank an meine Familie, die sich meinen Finanzkram immer anhören und jetzt auch noch lesen muss.

Die Inspiration zu diesem Buch stammt – neben Erfahrungen aus meinem Leben – aus etlichen Blogartikeln, Büchern, Podcasts und Webinaren meiner schlauen Kolleginnen und Kollegen sowie direkt aus der Madame-Moneypenny-Community. Danke für eure Fragen, Anregungen und den Input!

Besonderer Inspirationsdank geht an:

Anette Weiß: http://blog.geldwert-finanz.de/
Gisela Enders: http://www.gisela-enders.de
Der Finanzwesir: http://www.finanzwesir.com
Der Finanzrocker: http://www.finanzrocker.net
Kritische Anleger: http://www.kritische-anleger.de
Christian Thiel: http://www.großmutters-sparstrumpf.de
Aktien mit Kopf: https://www.youtube.com/user/AktienMitKopf

WEITERFÜHRENDE LESEHINWEISE:

Diese Bücher haben mich ebenfalls für dieses Buch inspiriert und sind klare Empfehlungen.

Bennetts, Leslie: The feminine mistake. Are we giving up too much? New York 2007.

Buzan, Tony; Buzan, Barry: Das Mind-Map-Buch: Die beste Methode zur Steigerung Ihres geistigen Potenzials. München 2013.

Ferstl, Carola: Frauen investieren klüger. So nutzen Sie Ihre psychologischen Stärken und machen mehr aus Ihrem Geld. München 2003.

Frankel, Lois P.: Nice girls don't get rich. 75 avoidable mistakes women make with money. New York 2008.

Hammond, Claudia: Erst denken, dann zahlen. Die Psychologie des Geldes und wie wir sie nutzen können. London 2017.

Hill, Napoleon: Think and Grow Rich. The Original Version, Restored and Revised. Anderson 2015.

Kiyosaki, Robert T.: Rich Dad, Poor Dad. Was die Reichen ihren Kindern über Geld beibringen. München 2015.

Kommer, Gerd: Souverän investieren mit Indexfonds & ETFs. Wie Privatanleger das Spiel gegen die Finanzbranche gewinnen. 4. aktualisierte Auflage. Frankfurt/New York 2015.

Orman, Suze: Women & Money. Owning the power to control your destiny. New York 2010.

Robbins, Tony: Money. Die 7 einfachen Schritte zur finanziellen Freiheit. München 2016.

Schäfer, Bodo: Der Weg zur finanziellen Freiheit. Ihre erste Million in 7 Jahren. München 2016.
Stanny, Barbara: Price charming isn't coming. How women get smart about money. London 2007.
Steinberg, Amanda: Worth it. Your life, your money, your terms. New York 2017.
Warnecke, Albert: Der Finanzwesir. Was Sie über Vermögensaufbau wirklich wissen müssen. Hamburg 2017.
Zitelmann, Rainer: Reich werden und bleiben. Ihr Wegweiser zur finanziellen Freiheit. München 2015.

ANMERKUNGEN

1 Heidenreich, Ulrike; Niewel, Gianna (2016): Die Furcht der Frauen vor der Altersarmut. Abgerufen unter http://www.sueddeutsche.de/geld/rente-die-furcht-der-frauen-vor-der-altersarmut-12943767 (02.08.2017).
2 Amundi Asset Management (2017): Nachgefragt! – Die Amundi-Studie zur Altersvorsorge; Frauen schieben das Thema private Altersvorsorge vor sich her. Abgerufen unter https://www.presseportal.de/pm/127481/3698998 (01.08.2017).
3 Timmler, Vivien: Frauen müssen früher sparen. Abgerufen unter: http://www.sueddeutsche.de/geld/altersvorsorge-frauen-muessen-frueher-sparen-12687861 (20.12.2015).
4 Die Methode heißt «The Work» und stammt von Byron Katie. Katie, Byron: The Work. Abgerufen unter: http://www.thework.com/sites/thework/deutsch/thework.asp (10.12.2017).
5 Öchsner, Thomas (2015): Das Rentenniveau wird sinken – und die Beiträge steigen. Abgerufen unter: http://www.sueddeutsche.de/geld/rentenprognosen-das-rentenniveau-wird-sinken-und-die-beitraege-steigen-12755570 (12.10.2017).
6 Demografieportal des Bundes und der Länder (2017): Zunehmende Belastung der Beitragszahler in der gesetzlichen Rentenversicherung. Abgerufen unter: https://www.demografie-portal.de/SharedDocs/Informieren/DE/ZahlenFakten/Beitragszahler_Altersrentner.html (10.10.2017).
7 Drösser, Christoph (2010): Geben macht glücklich! Abgerufen unter: http://www.zeit.de/2010/39/IG-Hilfe (01.09.2017).
8 Scinexx (2017): Geben macht tatsächlich glücklich. Enge Ver-

bindung von Großzügigkeit und Glücksgefühl zeigt sich auch im Gehirn. Abgerufen unter: http://www.scinexx.de/wissen-aktuell-21646-2017-07-12.html (30.09.2017).

9 Topf, Cornelia: Erfolgreich verhandeln für Frauen. Souverän, kompetent, überzeugend. München 2017, S. 24.

10 Schwarzer,Jessica(2015):Papaistschuld,dassichnichtsparenkann. Abgerufen unter http://www.handelsblatt.com/finanzen/vorsorge/altersvorsorge-sparen/vom-sparschwein-zum-tagesgeld-papa-ist-schuld-dass-ich-nicht-sparen-kann/12519440.html?ticket=ST-1136937-31RwzucuFYtCRRPoCc9T-ap3 (28.05.2018).

11 Zum Beispiel auf http://www.zinsen-berechnen.de/sparrechner.php.

12 Friebe, Holm: Die Steinstrategie. Von der Kunst, nicht zu handeln. München 2015, S. 62 ff.

13 Focus Money: Einfach reich. Prognosen sind unmöglich. Abgerufen unter: http://www.focus.de/finanzen/boerse/einfach-reich-prognosen-sind-unmoeglich_id_4949956.html (10.11.2017).

14 Kostolany, André: Die Kunst, über Geld nachzudenken. Berlin 2015, S. 121 ff.

15 Der Film heißt «Tulpenfieber».

16 Kommer (2015): S. 19.

17 Meine Meinung zu einzelnen Brokern findest du auf https://madamemoneypenny.de/aktiendepot-konten/.

18 Thomas J. Stanley, William D. Danko: The Millionaire Next Door. The Surprising Secrets of America's Wealthy. Maryland 2010, S. 31 ff.

19 Abrufbar unter https://madamemoneypenny.de/haushaltsbuch sparrate/.

20 Vgl. Hammond, Claudia: Erst denken, dann zahlen. Die Psychologie des Geldes und wie wir sie nutzen können, London 2017.

21 Du findest diese und weitere nachhaltige ETFs hier: http://www.die-klimaschutz-baustelle.de/etf.html.

Leo Lührs

Feministische Finanzen

Dein Masterplan für finanzielle Unabhängigkeit

288 Seiten

In diesem Buch erfahren die Leserinnen, wie sie sich finanziell unabhängig machen, ihr Geld klug sparen, nachhaltig investieren und es so vermehren, wie es zu ihnen passt.

Die zertifizierte Finanzberaterin und Sozialarbeiterin Leo Lührs ermutigt Frauen, die männlich dominierte Finanzwelt zu hinterfragen. Geldanlage geht auch einfach, mit kleinem Budget und vor allem mit einem kritischen Blick auf Patriarchat und Kapitalismus. Denn ob wir wollen oder nicht: Geld bestimmt unser Leben in allen Facetten. Nehmen wir es also selbst in die Hand – ganz ohne Sparkassen-Stefan oder Mindset-Martin.

Weitere Informationen finden Sie unter **rowohlt.de**